W Hering

Christoph Kolumbus und die Entdeckung Amerikas

W Hering

Christoph Kolumbus und die Entdeckung Amerikas

ISBN/EAN: 9783743639249

Hergestellt in Europa, USA, Kanada, Australien, Japan

Cover: Foto ©ninafisch / pixelio.de

Weitere Bücher finden Sie auf **www.hansebooks.com**

Christoph Kolumbus

und die

Entdeckung Amerikas.

Nach den besten Quellen

für die Jugend und das Volk bearbeitet

von

W. Hering.

Mit 10 Abbildungen und einer Karte.

Drittes Tausend.

Hannover-Linden.

Verlag von Manz & Lange.

1892.

Vereinsbuchdruckerei zu Hannover, Kalenbergerstraße 40.

Vorwort.

Die vorliegende Schrift setzt bei der lesenden Jugend die Bekanntschaft mit den einschlägigen geographischen Stoffen voraus, so daß dieselbe etwa für das Alter vom zwölften Lebensjahre an bestimmt ist. Des großen Entdeckers Gestalt erscheint des Legendenhaften entkleidet und soll zugleich ein Bild jener wandelreichen Zeit geben, der sie angehört.

An der Hand bewährter Führer, wie Humboldt, Peschel, besonders Dr. Sophus Ruge („Geschichte des Zeitalters der Entdeckungen" und „Globus", 1892, Nr. 1) war es möglich, ein zuverlässiges Zeit- und Lebensbild zu entwerfen.

An geeigneten Jugendschriften, welche historische Treue und unterhaltende Darstellungsweise verbinden, hat unsere Litteratur keinen Überfluß. Möge die vorliegende Arbeit deren Zahl mehren!

Aurich, 1. Mai 1892.

Der Verfasser.

1. Die Welt vor Kolumbus.

Vor 400 Jahren hatten die Menschen von dem Weltall und von unserer Erde noch völlig falsche Vorstellungen. Man wußte nicht, daß die Erde mit ihrem Monde und außer ihr noch eine ganze Reihe von mächtigen Himmelskörpern die Sonne umkreisen, sondern man meinte, die Erde sei der Mittelpunkt der Schöpfung, und Sonne, Mond und Sterne dienten ihr zum Schmuck. Auch die Oberfläche der Erde war erst halb bekannt. Als ihr äußerster Westen galt damals die West= küste Europas; darum hieß ein in das Atlantische Meer vorspringender Punkt der pyrenäischen Halbinsel „finis terrae", d. i. Ende der Erde. Daß im Schoß des Meeres, welches man von der europäischen Küste nach Westen ausgebreitet sah, ein ganzer Erdteil lag, von dem in Europa niemand etwas wußte, das sollte man erst am Ende des 15. Jahrhunderts erfahren.

Auch von den Ländern des östlichen Asiens hatte man in jener Zeit nur eine unbestimmte Kunde. Einzelne Männer waren auf abenteuerlichen Reisen dahin gekommen und hatten in ihrer Heimat erzählt von der großen Fruchtbarkeit des chinesischen Reichs und seinen zahlreichen, von Menschen wimmelnden Städten; ihre Berichte wurden mit Begier gelesen, aber auch vielfach bezweifelt. Am bekanntesten und wertvollsten unter allen Ländern Asiens war den Europäern Indien, das Land mit den kostbaren Erzeugnissen, welche das Abendland selbst nicht hatte und doch nicht entbehren konnte. Dort ruhten auf dem Meeresgrunde in den Muscheln die wertvollen Perlen, die Gebirge lieferten die vielgepriesenen Edelsteine und das Gold; das größte aller Landtiere, der Elefant, gab in seinen wuchtigen Zähnen das teure Elfenbein, und das Gespinst der Seidenraupe spendete die köstliche Seide. Die glühende Sonne der heißen Zone aber bereitete die viel= begehrten Gewürze, den Pfeffer, Zimt und die Muskatnuß, und eine Fülle von Korn, namentlich Reis und Weizen, konnte den Europäern ein gutes Teil des täglichen Brots liefern.

Nicht so schnell und leicht wie heute schaffte man damals diese fernen Produkte nach Europa. In unserer Zeit fährt ein Schiff in einigen Monaten nach Indien hin und zurück, entweder um Afrika herum oder über das Mittelmeer durch den Suezkanal. Damals war aber dieser Kanal noch nicht vorhanden und die Fahrt um Afrika noch völlig unbekannt; denn noch nie war ein Schiffer dieses Weges gefahren. Vielmehr mußten die Waren teils zu Lande, teils zu Wasser befördert werden. Manche Handelszüge gingen durch Rußland ans Schwarze Meer, oder den Euphrat hinauf bis Bagdad und von dort nach Beirut in Syrien, wo sie ins Schiff kamen. Die meisten Waren, welche für Europa bestimmt waren, wurden zu Schiff durch das Rote Meer gebracht und dann über Land nach Ägypten geschafft, wo italienische Schiffe sie aufnahmen und über das Mittelmeer beförderten. Diesen Transport übernahmen besonders die Schiffe von Genua und Venedig, welche Städte durch diesen Handel zu großem Reichtum gelangten. Noch heute sieht man an der Rialtobrücke in Venedig eine Menge kleiner Räume, in denen jetzt Brot und Fische zum Verkauf ausliegen; einst saßen in denselben die Händler und hielten die Kostbarkeiten des Morgenlandes feil.

In Italien begann wieder die Landreise: an den Häfen standen zahlreiche Arbeiter bereit, welche die Waren aus dem Schiff hoben und auf Wagen packten; dann ging's über den Brennerpaß oder über den Splügen durch die Alpen ins deutsche Land, wo wieder andere Fuhrleute die Waren in Empfang nahmen und durch die deutschen Städte dem Norden zuführten. Unterwegs wurde manches verkauft, und die Kaufleute gaben den Handelszügen wiederum ihre Erzeugnisse mit, Augsburg seine Leinwand, Nürnberg seine Spielwaren, den berühmten Nürnberger Tand. Im Norden übernahm das reiche Lübeck die Weiterfuhr über die Ostsee, am Rhein das stolze Köln über die Nordsee nach England, das am Nordende der damals bekannten Welt lag.

Das war ein mühsamer Handel, bei dem die Waren vom Kameel aufs Schiff, dann wieder auf das Kameel, wieder zu Schiff, dann auf Wagen und im Norden Deutschlands nochmals an Bord der Schiffe mußten. Das vielmalige Verpacken war manchen Sachen verderblich und brachte nicht nur eine arge Verzögerung der Reise, sondern auch große Kosten mit sich. Dazu kam, daß die Mohammedaner die Herren in Ägypten und Vorderasien waren. Diese lebten seit den

Kreuzzügen mit den Christen in arger Feindschaft, und die letzteren hatten auf ihren Handelszügen von dem Haß der Andersgläubigen viel zu leiden.

Wie viel leichter hätten es die Reisenden gehabt, wenn sie, wie in unserer Zeit, die weiten Reisen zur See hätten machen können! Heutzutage werden die großen Schiffe in Indien mit den Waren dieses Landes befrachtet und gelangen, ohne daß man umzuladen braucht, zu uns. Weder sind heiße, wüste Länder zu durchreisen, noch mächtige Ströme und hohe Gebirge zu überschreiten, sondern, getragen von der ebenen Flut, fährt das Schiff leicht dahin, und wo sein Kiel eben die Wogen geteilt hat, da schlagen die Wasser wieder zusammen und die Straße ist für die kommenden Fahrzeuge wieder bereit. Kein Wunder deshalb, daß man schon vor 400 Jahren in Europa ernstlich die Frage erwog, ob es nicht möglich sei, zur See nach Indien zu kommen. Die Seefahrer durften schon um so eher daran denken, weil man seit dem 14. Jahrhundert jenen wunderbaren Wegweiser kannte, mit dessen Hilfe der Mensch sich auch in Wüsten und Meeren zurechtfindet: den Kompaß. Indem die Nadel dieses Instruments stets nach Norden zeigt, ist der Reisende imstande, mit Hilfe desselben auch jede andere Richtung zu finden, und dadurch ist es dem Seemann mit Benutzung seiner Karten möglich, auch in solchen Gewässern zurechtzufinden, die ihm völlig fremd sind. Bis dahin hatten die Schiffer immer ängstlich die Küste im Auge behalten und mit aller Macht derselben wieder zugestrebt, wenn Strom und Wind sie abgetrieben hatten. Wer aber in die weite Wasserwüste des Oceans verschlagen war, der konnte von Glück sagen, wenn günstige Umstände ihn wieder in die Nähe der Küste brachten. Das wurde durch die Erfindung des Kompasses anders, und darum durfte man auch daran gehen, an der Westseite Afrikas entlang zu fahren, um von hier um die Südspitze des Erdteils herum, die noch niemand gesehen hatte, durch eine Fahrt nach Osten zum gesegneten Indien zu gelangen.

Am eifrigsten in diesem Streben waren die Portugiesen, und unter ihnen ragte vor allen hervor der Sohn des Königs selbst, Prinz Heinrich, der in der Geschichte „der Seefahrer" genannt wird. Am südwestlichsten Vorsprunge Europas, auf einer öden Felsenbank am Kap Vicente erbaute er sich ein Schloß, um von hier aus die Fahrten zu leiten, welche den westlichen Saum Afrikas entschleiern sollten. In unserm Jahrhundert hat man über dem Thore einer dort liegenden kleinen Stadt ein Marmordenkmal errichtet, auf welchem unter anderm die Worte eingegraben sind: „An dieser Stelle hat der große Prinz Heinrich, Sohn Johanns I., Königs von Portugal, unternommen, die vorher unbekannten Gegenden von Westafrika zu erforschen und so durch Umschiffung Afrikas einen Weg zu den entlegenen Teilen des Ostens zu bahnen. Als manche Insel im Ocean entdeckt und mit portugiesischen Kolonien besetzt war, starb dieser große Prinz am 13. November 1460."

Das nächste Ziel, die Südspitze von Afrika, erreichte der Seefahrer Bartholomäus Dias erst nach 26 Jahren, und endlich, im Jahre 1498 fand Basco da Gama das indische Land. Während aber die Portugiesen sich abmühten, durch eine südöstliche Fahrt nach Indien zu gelangen, hatte ein kühner Italiener von Spanien aus dasselbe Ziel durch eine Fahrt nach Westen zu erreichen versucht: es war Christoph Kolumbus, der Entdecker Amerikas.

2. Des Kolumbus Jugend.

Es giebt wenige große Männer in der Geschichte, über deren Leben und Schicksale so große Unklarheit herrscht, als über das des Christoph Kolumbus. Erst in der neuesten Zeit ist es gelehrten Männern gelungen, das Dunkel, in welches seine Geschichte gehüllt ist, zu durchbrechen. Durch ihre Forschungen und Untersuchungen ist manches als unrichtig erwiesen, was man bisher über den Entdecker Amerikas las und lehrte.

Kolumbus ist in Genua an der Küste des alten Ligurien um die Mitte des 15. Jahrhunderts geboren. Wohl streiten sich außerdem noch zehn andere Städte Italiens um den Ruhm, die Geburtsstadt des berühmten Seefahrers zu sein; ja, auf der Insel Corsika erhebt die Stadt Calvi den Anspruch, das Geburtshaus des großen Mannes zu besitzen. Dagegen nennt sich Kolumbus selbst einen Genuesen und bezeichnet in seinem Testament zweimal die Stadt Genua als seine Vaterstadt; auch seine Zeitgenossen haben ihn später immer einen Genuesen genannt. Durch zuverlässige Nachforschungen in seiner Vaterstadt ist sein Wohnhaus dort wieder ermittelt worden; es trägt die

Genua.

Nummer 37 im Vico dritto de Ponticello. Gewiß ist das Gebäude im Lauf der Zeit vielfach umgebaut; dennoch beschloß der Rat der Stadt Genua im Jahre 1887, diese ehrwürdige Stätte zum Preise von 31500 Lire für die Vaterstadt des großen Entdeckers zu erwerben. Dieses Haus ist mit der Inschrift versehen:

Nulla Domus titulo dignior.
Heic
Paternis in aedibus Christophorus Columbus
Pueritiam primamque juventutem
transegit.

Das bedeutet in unserer Sprache: „Kein Haus ist einer Aus= zeichnung würdiger. Hier im Vaterhause hat Christoph Kolumbus die Knabenzeit und die erste Jugend zugebracht."

Auch das Geburtsjahr des Kolumbus war bislang völlig unsicher und steht auch jetzt noch nicht unzweifelhaft fest. Das Wesentliche ist aus den gerichtlichen Akten seiner Vaterstadt bekannt, in welchen es unterm 31. Oktober 1470 heißt: „Es erschien Christoph Kolumbus, über 19 Jahr alt, in Gegenwart und mit Genehmigung und Zu= stimmung seines gegenwärtigen Vaters." Weil er aber noch der Ge= nehmigung seines Vaters bedurfte, war er damals noch nicht 25 Jahr alt; mithin muß er zwischen dem 31. Oktober 1446 und 31. Oktober 1451 geboren sein. Nun erschien aber nach einem anderen Schriftstück Kolumbus am 20. März 1472 als Zeuge vor Gericht, und als solcher mußte er großjährig, also 21 Jahr alt sein. Deshalb fällt sein Geburtstag zwischen den 30. Oktober 1446 und den 20. März 1447. Genauer kann bisjetzt seine Geburtszeit nicht angegeben werden.

Daß Kolumbus einem vornehmen, aber verarmten Geschlechte des italienischen Adels angehört habe, ist Sage. Er ist vielmehr der Sproß einer bürgerlichen Handwerkerfamilie, deren Haupterwerb die Weberei war. Fast alle seine Verwandten betrieben diese Be= schäftigung. Auch der große Entdecker selbst wird mehrfach als Weber bezeichnet. Sein Großvater ließ sich 40 km östlich von Genua in einem Küstenorte nieder, und von dessen Söhnen nahm Domenico seinen Wohnsitz in Genua. Dessen Ehefrau entstammte dem Orte Bisagno, der gleichfalls östlich von Genua belegen ist. Sie hatten fünf Kinder, eine Tochter und vier Söhne, von denen Christoph der älteste war. Der Vater betrieb neben der Weberei das Geschäft eines

Schenkwirts und Käsehändlers; hierdurch, sowie durch Ankauf und Verkauf von Gütern erwarb er sich ein kleines Vermögen, denn er besaß zwei Häuser in der Vorstadt Genuas. Die Stadt Genua gehörte damals neben Venedig zu den ersten Handelsstädten der Welt. Die Straßen ziehen sich an den Bergen des Apennin empor, von dem man die herrlichste Aussicht auf das Mittelmeer genießt. Der schöne Hafen bot ein außerordentlich lebhaftes Bild des Seelebens. Die stolzen Segelschiffe aller handeltreibenden Völker kamen und gingen, ein seltsames Gewirr von Sprachen umschwirrte die Ohren der Hafenbesucher, die Produkte aus dem fernen Indien zogen jedermanns Augen an. In Genua und allen benachbarten Örtern der Küste, der schönen „Riviera", drehte sich das ganze Leben und Trachten, alle Unterhaltung um Seewesen, um Handelsfrachten und Abenteuer in fernen Meeren. Und in jener Zeit kamen die Nachrichten von einer erfolgreichen Entdeckungsreise der Portugiesen an der Westküste Afrikas nach Europa. Diese hatten dort Niederlassungen gegründet, von denen aus auch die Erzeugnisse des dunkeln Erdteils nach dem Norden gelangten. Nicht wenige der damals lebenden jungen Leute hofften, durch Teilnahme an diesen verheißungsvollen Fahrten Glück und Reichtum zu finden.

Daß auch des jungen Kolumbus Sehnsucht sich auf das blaue Meer richtete, war nicht zu verwundern. Aber er wurde auch durch die Not seiner Familie getrieben, sich nach einem einträglicheren Erwerbszweige umzusehen. Sein Vater, einst vom Geschäftsglück begünstigt, kam trotz mancherlei Bemühungen immer mehr in seinen Vermögensverhältnissen zurück, so daß er zuletzt verarmte und seine Häuser in Genua verkaufen mußte. Deshalb verließ er im Winter von 1470 auf 1471 diese Stadt und siedelte nach Savona über, wo er gleichfalls die Weberei und das Schankgewerbe betrieb. Daß sein Sohn Christoph selbst auch das Weben erlernt hat, ist sicher; wahrscheinlich hat er aber schon früh Küstenfahrten unternommen und daneben kleine Handelsgeschäfte betrieben. In den Akten seines Vaterlandes wird erwähnt, daß er sich um das Jahr 1470 an einem Weingeschäft beteiligte. Um dieselbe Zeit kam er auch zu Schiff nach den griechischen Inseln, unter anderen nach Chios. Danach scheint es, daß Kolumbus, ohne sein Hauptgeschäft, die Weberei, aufzugeben, sich schon früh als Seemann versucht hat. Daß er in seinem 14. Jahre auf der Universität zu Pavia studiert habe, ist nicht richtig, denn sein Vater lebte damals in drückenden Vermögensverhältnissen und hatte außer ihm noch vier Kinder zu ernähren; außerdem konnte der junge Genuese in seiner Vaterstadt alles das, was ihm nötig war, besser lernen, als in einer Binnenstadt.

3. Kolumbus in Portugal.

Noch einmal, am 7. August 1473, wird Kolumbus in den Akten der Stadt Savona erwähnt; seitdem verschwindet in Italien jede Spur von ihm, und plötzlich erscheint er als Seemann in Portugal. Von dort war im Jahre 1471 eine große Entdeckungsreise nach der Küste von Guinea ausgeführt worden. Die heimkehrenden Seeleute erzählten von üppigen Ländern der heißen Zone, welche sie gesehen haben wollten; sie brachten die Beweise mit: Gold, Elfenbein und Pfeffer in Menge. An diesen gewinnbringenden Fahrten wollte auch Kolumbus teilnehmen, und seine Einbildungskraft ließ ihn vielleicht von goldenen Bergen in der Zukunft träumen. Von seinem Weberhandwerk hat er in Portugal nichts gesagt, auch erwähnt er nichts von den ärmlichen Verhältnissen seiner Familie; dagegen betont er stets, ein Genuese zu sein, und auch die portugiesischen Geschichtsschreiber bezeichnen ihn als solchen. Es war für den Seemann Kolumbus eine große Empfehlung, Italiener zu sein. Die Italiener waren in jener Zeit die ersten Seeleute der Welt. Von ihrem Lande aus hatte sich das wichtigste Instrument des Schiffers, der Kompaß, nach den andern Ländern hin verbreitet; sie hatten zuerst genaue Karten des Mittelmeers und seiner Küsten vom Kaukasus bis zur Straße von Gibraltar hin angefertigt, und selbst die Ostküste des Atlantischen Meeres haben sie zuerst auf Papier dargestellt. Eine italienische Seekarte aus dem Jahre 1448 reicht bereits von Großbrittanien bis zu dem grünen Vorgebirge und westlich über die Azoren hinaus; es unterliegt keinem Zweifel, daß italienische Seefahrer schon damals den halben Ozean zwischen Europa und Amerika überschritten hatten. Die Italiener wurden deshalb die Lehrmeister der späteren Seevölker, der Spanier, Portugiesen, Franzosen und Engländer. Zu Kolumbus Zeit fand man italienische Kaufleute, Schiffer, Übersetzer, Staatsmänner und Gesandte in allen größeren Städten der pyrenäischen Halbinsel. Besonders die Genuesen waren früh hervorgetreten. In spanischem Seedienst hatten sie die Sarazenen bekämpft, die Portugiesen haben auf genuesischen Schiffen Kreuzzüge ausgeführt, unter den portugiesischen Admiralen kommen Genuesen vor. Genuesen hatten schon um 1300 die kanarischen Inseln entdeckt; Prinz Heinrich verwendete sie auf seinen Fahrten an der Küste von West- afrika; ja, schon im Jahre 1291 hatten Genuesen, wenngleich ohne Erfolg, versucht, um Afrika herum den Weg nach Indien zu finden.

Auch Kolumbus verließ sein an Seeleuten überreiches Vaterland, um in der Fremde, in Portugal und Spanien, vielleicht auch in Frankreich oder England, sein Glück zu suchen. Daß er sich mit Recht als einen Bürger der stolzen Stadt Genua bezeichnen konnte, erwirkte ihm überall Aufnahme.

Er ging zunächst nach Portugal. Später hat man seine An- kunft daselbst auf wunderbare Weise ausgeschmückt. Es heißt, am Kap Vinzente habe Kolumbus an einem Seegefechte teilgenommen; bei einem Schiffsbrande sei er von Bord gesprungen und zwei Meilen weit ans Land geschwommen, wo er gleich bei seinem ersten Auftreten großes Aufsehen erregt habe. Diese Geschichte gehört zu den vielen Ausschmückungen, mit denen man Kolumbus später zu verherrlichen suchte. Wohl hat an jenem Ort eine Seeschlacht statt- gefunden, aber erst, nachdem Kolumbus Portugal bereits wieder ver- lassen hatte. Dieser hat sich vielmehr wie ein gewöhnlicher Matrose von Genua nach Portugal aufgemacht und hier versucht, als Schiffer einen Dienst zu finden. Auch des späteren Entdeckers Ausbildung im Seedienst hat man arg übertrieben. Er soll im Februar des Jahres 1477 hundert Meilen weit über Island hinaus ins nördliche Eis- meer gefahren sein, während doch um diese Zeit das dortige Meer vom Eise starrt. Daß Kolumbus sich auf der See schon vielfach ver- sucht hatte, bezeugt er allerdings in dem Tagebuche seiner ersten Reise: „Ich habe das ganze Mittelmeer befahren, bin nach Norden bis England und nach Süden bis Guinea gekommen."

In Portugal war es ein großes Glück für Kolumbus, daß er mit einem vornehmen Geschlechte in Verbindung trat, weil es ihm dadurch leichter möglich wurde, später für seine großen Pläne einfluß- reiche Personen zu gewinnen. Als frommer Christ versäumte er nicht ohne Grund die Messe, und so führte ihn auch in Lissabon der Weg in die Kirche. Das von ihm besuchte Gotteshaus gehörte zu dem

„Stifte der Heiligen", in welchem vornehme Edelfräulein lebten. Wohl hatten sie klösterliche Tracht, aber kein Nonnengelübde band sie an das Kloster, vielmehr konnten sie zu jeder Zeit ins Leben zurücktreten. Unter diesen edlen Jungfrauen lernte Kolumbus das Fräulein Felipa Moniz kennen; er gewann ihr Herz und sie wurde seine Ehefrau. Ihr verstorbener Vater war gleichfalls ein Italiener, eingewandert aus der Stadt Piacenza in der Lombardei. Er war zu Lebzeiten erster Lehnsherr und erblicher Hauptmann der Insel Porto Santo, gelegen im Atlantischen Meere, neben Madeira. Dieses Besitztum wurde damals durch den Schwager des Kolumbus, Bartolomäo, den Bruder seiner Frau, verwaltet. Vielleicht hat Kolumbus nach seiner Verheiratung gleichfalls auf Porto Santo und später in Lissabon gewohnt, von wo er seine Seereisen nach England und Guinea gemacht haben mag. Unter dem Nachlaß seines Schwiegervaters befanden sich zahlreiche Seekarten, sowie andere auf das Seewesen bezügliche Schriften, in deren Studium sich Kolumbus versenkte. Aus ihnen schöpfte er auch wohl die erste dunkle Nachricht von Inseln und Ländern, welche im Atlantischen Meere liegen sollten, über welche dann Kolumbus selbst mit Eifer neue Nachrichten sammelte.

---

4. Des Entdeckers großer Gedanke und seine Lehrmeister.

Um jene Zeit war die ganze Schifferwelt von den Entdeckungen der Portugiesen aufs höchste erregt. Die kanarischen Inseln, die Azoren und die kapverdischen Inseln waren in den letzten Jahrzehnten genauer bekannt geworden. Warum sollten die gefundenen Eilande die letzten sein? Warum konnten nicht noch weiter nach Westen gleichfalls Inselgruppen, vielleicht gesegnete Landstriche, zu finden sein? Diese Gedanken ließen auch Kolumbus nicht zur Ruhe kommen, und er brannte vor Begierde, selbst hinüber zu fahren, solche noch unbekannte Teile der Erde zu finden. Mit Spannung hörte er den Erzählungen der Schiffer zu, welche auf ihren Fahrten westlich über Madeira und die Azoren hinausgekommen waren. Einer derselben, ein portugiesischer Lotse, Martin Vicente, erzählte ihm, er habe 450 spanische Meilen westlich vom Kap Vizente ein geschnitztes Holz aufgefischt, welches von einem mehrtägigen Westwinde angetrieben war; es mußte also in nicht zu großer Entfernung im Westen noch mehr Land geben. Von seinem eigenen Schwager hörte Kolumbus, daß ein ähnlich bereitetes Holz auch in Porto Santo angeschwommen sei. Auf der Westseite der Azoren waren Fichtenstämme angetrieben, wie sie dort nicht wachsen. Ein anderes Mal fischte man ein mächtiges Schilfrohr auf, welches von Knoten zu Knoten neun Karaffen Wein fassen konnte; solches wuchs nur in Indien und man nahm an, daß es von daher durch das westliche Meer nach den Inseln Afrikas getrieben sei. Auf der Insel Flores, einer der Azoren, hatten die Bewohner zwei Leichen einer unbekannten Menschenrasse aufgefunden. Ja, es erzählten die Ansiedler am einsamen Meeresstrande, sie hätten bedeckte Barken mit frembartigen Menschen darin gesehen. Eingeborene Seeleute wollten sogar westlich gelegenes Land gesehen haben. Ein Schiffer von Madeira erzählte Kolumbus, er habe 100 Meilen weit gegen Westen drei Inseln gefunden; ein späterer wollte sie gleichfalls wissen und bat die Regierung in Portugal, ihm vier Schiffe zu geben, mit welchen er jene Inseln aufsuchen wollte. Ein portugiesischer Seemann kehrte mit der Nachricht heim, er habe auf der Rückfahrt von Guinea nach Madeira im Westen unbekanntes Land gesehen. Ein reicher Genuese gab wiederholt Geld dazu her, dasselbe zu finden; doch waren diese Versuche erfolglos.

Merkwürdig ist es, daß schon lange vor Kolumbus derartige noch unentdeckte Landschaften auf Karten verzeichnet waren. Auf einer Karte vom Jahre 1424, welche noch jetzt in der großherzoglichen Bibliothek zu Weimar aufbewahrt wird, tritt eine Insel Antilia im Atlantischen Ozean auf, welche auf fast allen Seekarten des 15. Jahrhunderts erscheint, obschon sie in der That niemand gesehen hatte, weil sie ja überhaupt nicht vorhanden ist. Ihr Name lebt aber noch heute in der westindischen Inselwelt fort.

Diese Karte war Kolumbus wohl bekannt. Nicht wenig wirkte auf ihn ein damals weit verbreitetes geographisches Werk eines hohen Geistlichen, das „Weltbild" (imago mundi) des Kardinals von Cambray, Petrus de Alliaco, welches um 1410 geschrieben war. Der Verfasser hatte von der Erde unrichtige Vorstellungen; namentlich lehrte er, daß der Ozean zwischen Europa und der Ostküste Asiens nur schmal sei; man würde sonst, so setzt er hinzu, nicht in beiden Ländern Elefanten finden. Diesen Umstand hatte man schon lange vor ihm als Beweis für die geringe Breite des Ozeans aufgeführt. Weiter glaubte der Kardinal, wie viele seiner Zeitgenossen, daß die heiße Zone von menschlichen Ungeheuern belebt sei; auch wollte er die Lage des irdischen Paradieses wissen. „Dasselbe liegt," so schreibt er, „in der lieblichen Gegend des Ostens, weit von der bewohnten Welt auf einem erhabenem Orte, so daß es fast den Mond erreicht und von der Sintflut nicht bedeckt werden konnte. Von diesen hohen Bergen steigen vier Ströme mit gewaltigem Brausen hinab und bilden einen großen See."

An der Kugelgestalt der Erde zweifelte um jene Zeit niemand mehr. Als Globus war die Erde bereits dargestellt, und auf dieser Erdkugel war auch der Ozean westlich von Europa eingetragen, welchen freilich noch niemand befahren hatte; doch war dieses Meer viel zu schmal gezeichnet. Da, wo jetzt etwa Nipon liegt, sieht man eine große Insel eingetragen, Zipangu mit Namen; das sollte Japan bedeuten; an der Stelle des heutigen China findet man allerlei Bemerkungen, z. B.: „Hie ist allerley Spezerei und gewürz, hie in diese konigreich betett (betet) das volk apgötter an."

Über diese östlichen Länder Asiens gab der größte Reisende des Mittelalters, Marco Polo, ein Venetianer, Aufschluß. Er war am Ende des 13. Jahrhunderts 25 Jahre lang als Kaufmann durch Asien gereist, war ganz bis China gekommen und um Indien zu Schiff nach Persien zurückgekehrt. Er hatte seine große Reise in einem eigenen Berichte beschrieben, dabei aber die Ausdehnung Asiens nach Osten arg überschätzt. Auch Kolumbus besaß seinen Reisebericht, und auch er stellte sich Asien viel größer vor, als es war. Je weiter sich aber dieser Erdteil nach Osten hin erstreckte, desto mehr verschmälerte sich der Ozean. Ein anderer Italiener, Nicolo de Conti, war noch im Anfang des 15. Jahrhunderts nach Indien gewesen und sogar bis zu den Gewürzinseln vorgedrungen. Er hatte dann dem Papste Bericht erstattet und war in Italien mit einem großen Gelehrten zusammengekommen, dem wohl zu allererst der Gedanke kam, daß durch eine Westfahrt der Osten Asiens zu erreichen sei.

Auch dieser Mann, der Arzt und Naturforscher Paul Toscanelli, war ein Italiener, der in der Stadt Florenz wohnte und ein sehr hohes Alter erreichte. Er verfolgte die Entdeckungen der Portugiesen an der Westküste Afrikas mit großem Eifer; auch kannte er die Schriften des Marco Polo, und nun wurde durch die Erzählungen de Contis sein Geist wieder erfüllt von den Wundern und dem Reichtum des Ostens. Er sah, wie die Portugiesen sich bereits ein halbes Jahrhundert abmühten, die Fahrt um Afrika zu finden, und doch schien ihm der Weg nach Westen der kürzere zu sein. Um dies seinen Zeitgenossen zu zeigen, fertigte er eine Karte des Weltmeeres an, nach welcher ein Seemann getrosten Mutes nach Westen segeln konnte, um so nach Indien zu gelangen. Diese Karte schickte er schon 1474, also 18 Jahre vor der Endeckung Amerikas, an den Beichtvater des Königs von Portugal, den Priester Martinez in Lissabon, damit dieser den König auf die Vorteile einer solchen Seereise aufmerksam mache. Die von ihm gezeichnete Karte legte Toscanelli mit ein. Aber die Portugiesen gingen nicht darauf ein. Sie hatten im Jahre 1471 die Goldküste entdeckt und beuteten dieses reiche Land mit Macht aus; auch wollte die portugiesische Regierung ihre Mittel nicht zer- splittern. Von dem Briefe und der Karte Toscanellis hatte Kolumbus Kunde und erhielt nach Jahren eine Abschrift von beiden, indem er sich brieflich an Toscanelli wandte. Wenngleich des Kolumbus Briefe wohl nicht mehr vorhanden sind, so weiß man doch aus der Antwort des großen Florentiners, daß es sich um einen Gedankenaustausch über eine Fahrt nach Westen handelte. Toscanelli antwortete: „Ich sehe euer edles und großes Verlangen, dahin zu reisen, wo die Spe- zereien wachsen. Daher sende ich euch zur Beantwortung eurer Briefe die Abschrift eines andern, den ich — es ist schon lange her — an einen meiner Freunde im Dienste Seiner Majestät des Königs von Portugal schrieb, und ich schicke euch eine andere Seekarte, die mit derjenigen übereinstimmt, die ich ihm gesandt habe." Auf der See- karte waren die bekannten Küsten Europas und Afrikas deutlich zu sehen, aber es waren nach der Angabe Polos auch) die Inseln Antilia und Zipangu (Japan), sowie China eingetragen. Diese Karte hatte Kolumbus auf seiner ersten Reise nach Amerika an Bord und steuerte danach. Leider ist dieselbe nicht bis auf unsere Zeit erhalten geblieben. Dagegen ist in der Kolumbusbibliothek zu Sevilla eine von Kolumbus selbst besorgte Abschrift jenes Briefes von Toscanelli noch vorhanden. In demselben heißt es: „Dem Canonicus (Priester) Ferdinand Martinez zu Lissabon sendet der Physiker Paul Toscanelli seinen Gruß. Von deinem vertrauten Umgange mit Sr. Majestät dem Könige ist es mir um so angenehmer gewesen, Kenntnis zu erhalten, als ich mit dir schon früher gesprochen habe über einen kürzeren Seeweg zu den Ge= würzländern, als derjenige ist, der über Guinea führt." Nachdem er die Karte erörtert, führt er fort: „Ich habe in die Karte verschiedene Orte eingetragen, zu denen ihr nach den genaueren Nachrichten der Schiffahrten kommen könntet. Es wohnen aber auf den Inseln nur Kaufleute. Es wird nämlich behauptet, daß dort eine so große Menge von Kauffahrteischiffen, wie sie auf der ganzen übrigen Welt nicht sind, sich in dem einen berühmten Hafen Namens Zaiton finden. Man behauptet nämlich, daß in jenem Hafen jährlich 100 große Schiffe mit Pfeffer abgehen, ungerechnet die anderen Schiffe, welche andere Gewürze laden. Jenes Land — China ist gemeint — ist sehr volkreich und sehr reich an Provinzen, Staaten und zahllosen Städten." Ferner erwähnt er, daß der Kaiser von China Boten an den Papst gesandt habe, der ihm christliche Missionare senden solle. Hierüber schreibt Toscanelli: „Ich habe selbst ein langes Gespräch mit einem gehabt über vielerlei, über die Größe der königlichen Paläste und über die Größe der Flüsse in der Breite und wunderbaren Länge, und über die Menge der Städte an den Ufern der Flüsse, daß an einem Flusse über 200 Städte erbaut sind und marmorne Brücken von großer Breite und Länge, welche allenthalben mit Säulen geziert sind." Von der Insel Zipangu (Japan) heißt es: „Jene Insel ist sehr reich an Gold, Perlen und Edelsteinen, und mit gediegenem Gold deckt man Tempel und Paläste, und so muß man, auf noch un= bekannten Wegen, die nicht bedeutenden Meeresräume durchsegeln."

Bei diesem Brief ist es nicht geblieben. Kolumbus nahm mit großer Freude den Plan Toscanellis auf, und dieser schrieb in einem andern Briefe: „Ich lobe eure Absicht, nach Westen zu fahren, und ich bin überzeugt, wie ich auf eurer Karte bereits gesehen habe, daß der Weg, den ihr nehmen wollt, nicht so schwierig ist, als man denkt; im Gegenteil: der Weg nach jenen Gegenden, welche ich eingezeichnet habe, ist ganz sicher. Ihr würdet kein Bedenken haben, wenn ihr, wie ich, mit vielen Personen verkehrt hättet, welche in jenen Ländern gewesen sind, und seid gewiß, mächtige Könige anzutreffen, viele volk= reiche, wohlhabende Städte und Provinzen zu finden, welche an jeder Art von Edelsteinen Überfluß haben, und es wird die Könige und Fürsten, welche in jenen entfernten Ländern herrschen, auch erfreuen, wenn man ihnen einen Weg bahnt, um mit den Christen in Verbindung zu treten und sich von denselben in der katholischen Religion und in den Wissenschaften, welche wir besitzen, unterrichten zu lassen. Deshalb und wegen vieler anderer Ursachen wundere ich mich nicht, daß ihr so viel Mut zeigt, wie auch die ganze portugiesische Nation, in welcher es immer Männer gegeben hat, die sich in allen Unternehmungen auszeichneten."

Die Briefe Toscanellis und dessen Seekarten machten auf Kolumbus einen tiefen Eindruck. Wie oft mag er sich in die Karte seines großen Landsmannes versenkt haben! Im Geist durchfuhr er dann das weite fremde Meer, und vor ihm aufgetürmt lagen die Schätze und Reich=tümer einer noch unbekannten Welt. Je mehr er über eine Fahrt nach Westen hin nachdachte, desto fester wurde bei ihm der Plan: ich will der Schiffsmann sein, der zuerst diese Reise durch die große Wasserwüste wagt. Dieser Gedanke verfolgte ihn Tag und Nacht und verließ ihn nicht mehr. Als frommer Katholik wollte er dadurch auch der Kirche einen großen Dienst erweisen. Sein großer Meister, der Kardinal de Alliaco, lehrte in seinem „Weltbilde", daß der Unter=gang der Welt nahe sei, und auch Kolumbus glaubte dies; da wollte er dazu beitragen, daß die noch unbekehrten Heiden um die Fahne des Christentums versammelt würden. Auch sollte noch vor dem Ende aller Dinge das Grab Jesu den Sarazenen entrissen werden. Diese Eroberung aber konnte nur durch Waffengewalt geschehen, und eine solche war nur mit großen Geldmitteln zu erlangen. Kolumbus aber zweifelte nicht, daß das äußerste Morgenland reich sei an Gold, Perlen und Edelsteinen, und den Weg dahin wollte er durch eine Fahrt nach Westen finden.

Er wandte sich an den König von Portugal und trat wahr=scheinlich im Jahre 1483 mit seinem Plan in Lissabon hervor. Der König setzte eine besondere Kommission von Männern ein, den Plan des Genuesen zu prüfen; hierzu wurden der Beichtvater des Königs, Diego Ortiz, Bischof von Ceuta und die beiden königlichen Leibärzte Rodrigo und Joseph bestimmt. Sie lasen des Kolumbus Briefe und studierten seine Karten; er erschien vor ihnen und suchte sie durch begeisterte Reden für seinen Plan zu gewinnen. Aber er erreichte seinen Zweck nicht. Die portugiesischen Gelehrten hielten seine Worte für Prahlerei und konnten dem Könige die Sache nicht empfehlen.

2*

Ein Geschichtsschreiber urteilt über die Beratung: „Da aber Kolumbus ein eitler, phantastischer Schwärmer war, so hielten der König und seine Geographen alles, was er sagte, für Schwärmerei." Dagegen klagt Kolumbus den König von Portugal später der Verstocktheit an, indem er sagt: „Gott schloß ihm Auge, Ohr und alle Sinne." Wahrscheinlich auch hat Kolumbus für seine Entdeckungen einen zu hohen Finderlohn verlangt, so daß der König nicht darauf eingehen mochte, zumal es in Portugal an tüchtigen Seefahrern nicht fehlte, welche auf den Wunsch des Königs auch gefahrvolle Reisen unternommen hätten. Daß dieser bald darauf ein Schiff ausgeschickt habe, den Plan des Kolumbus zu prüfen, gehört wohl in das Reich der Fabel.

So war der erste Versuch des kühnen Seemanns, zum Ziel zu kommen, mißglückt. Er aber war zu sehr von der Richtigkeit seiner Pläne überzeugt, daß er davon hätte ablassen können, sie zu verwirklichen. Darum verließ Kolumbus 1484 Portugal für immer und wandte sich nach Spanien.

5. Kolumbus in Spanien.

Auch in Spanien hatte Kolumbus das Glück, mit hochgestellten, einflußreichen Männern in Verbindung zu treten. Sein Gönner wurde hier der Herzog von Medina Celi, der in Südspanien residierte. Dieser nahm ihn in seinem Schlosse als Gast auf, und Kolumbus durfte ihn in seinem Gefolge begleiten. Dadurch wollte der Herzog verhüten, daß nicht fremde Länder die Pläne des Kolumbus für sich ausbeuteten; denn dieser hatte die Absicht, England und Frankreich seinen Dienst anzubieten, falls es ihm in Spanien nicht gelingen sollte. Im Januar 1486 hatte er das große Glück, durch den Bischof von Toledo der Königin Isabella von Spanien vorgestellt zu werden, in welcher der fremde Seemann eine edle Gönnerin finden sollte. Er legte ihr den Plan vor und durfte sofort in ihr Gefolge eintreten, bezog auch seitdem ein kleines Gehalt aus der königlichen Kasse. Bevor man aber darauf einging, seine Hoffnungen zu erfüllen, mußte sein Plan noch einer genauen Prüfung unterzogen werden. Hochberühmt waren damals die Gelehrten an der spanischen Universität Salamanca; sie sollten das Vorhaben des Kolumbus nach allen Seiten hin untersuchen.

Dieser sah sich an als ein Rüstzeug in der Hand Gottes, die christliche Kirche auch über die noch unbekannten Teile der Erde verbreiten zu helfen. Nicht wenige Weissagungen des Alten Testaments bezog Kolumbus auf sich, indem er sich als den Erfüller ansah. Jes. 24, 16, steht geschrieben: „Wir hören Lobgesänge vom Ende der Erde," und Jes. 65, 17: „Ich will einen neuen Himmel und eine neue Erde schaffen." Kolumbus war fest überzeugt, daß mit den Enden der Erde das spanische Land, mit der neuen Erde das spätere Amerika gemeint sei. In einem seiner Briefe heißt es: „Gott machte mich zum Gesandten eines neuen Himmels und einer neuen Erde," und von seiner dritten Reise aus schreibt er: „In allen Ländern, welche ich besucht habe, ließ ich ein hohes Kreuz aufrichten; ich erzähle den Einwohnern, was ich kann, von unserm heiligen Glauben." In einem Briefe an den König von Spanien liest man: „Die heilige Dreieinigkeit bewog Ew. Majestät zu dem Unternehmen nach Indien, und durch ihre unendliche Gnade wählte sie mich, um es Ihnen zu verkündigen. Trotz alles Ungemachs, welches mir widerfuhr, war ich gewiß, daß mein Unternehmen gelingen werde und beharrte bei dieser Ansicht, weil alles vergehen wird, ausgenommen das Wort Gottes. Und in der That, Gott spricht so klar von diesen Gegenden durch den Mund des Jesaias, wenn er versichert, daß von Spanien aus sein heiliger Name soll verbreitet werden."

In der Kolumbusbibliothek zu Sevilla ist noch der Briefwechsel des Entdeckers mit einem dortigen Geistlichen aufbewahrt. Derselbe enthält eine Menge Stellen der heiligen Schrift, die sich auf die Entdeckung der neuen Welt und auf Kolumbus beziehen sollen. Aber nicht nur biblische Prophezeiungen, sondern auch die Aussprüche von Gelehrten brachte Kolumbus mit sich in Verbindung, sobald nur in denselben von Entdeckungen die Rede war. Eine derartige Stelle fand sich in einem Trauerspiel des römischen Dichters Seneca, welcher im ersten Jahrhundert nach Christo lebte. Dieselbe lautet: „Es wird dereinst die Zeit kommen, wo der Ocean seine Fesseln sprengt, und der Erdkreis weit und breit sich aufthut, und das Meer neue Länder entschleiert, und Thule (Island) nicht mehr das äußerste Land sein wird."

Kolumbus sah diese Zeit herannahen und versuchte auch die gelehrten Herren in Salamanca von seiner angeblichen göttlichen Sendung zu überzeugen. Aber nur einer derselben nahm sich des

kühnen Planes an, alle anderen erklärten sich dagegen und man be=
schloß, die Entscheidung auf eine günstigere Zeit zu verschieben. So
hoffte Kolumbus von Jahr zu Jahr auf Erfüllung und lebte vom
königlichen Gnadenbrot bald in Sevilla, bald in Cordova. Sieben
Jahre lang wurde er hingehalten. Unterdessen lag Spanien im Kriege
gegen die mohammedanischen Mauren, welche damals in den äußersten
Süden des Landes zurückgedrängt waren. Um Kolumbus in höflicher
Weise zu verabschieden, erklärte endlich im Jahre 1492 die Kommission,
daß man seine Sache erst nach Beendigung des Krieges näher erwägen
könne. Da beschloß der arggetäuschte Mann, Spanien zu verlassen.
Von Palos wanderte er, seinen Sohn Diego an der Hand, durch
ein breites Flußthal der Stadt Huelva zu, wo er sich einschiffen wollte.
Auf diesem Wege kam er nach dem alten Franziskanerkloster la
Rabida, gelegen am Meer auf einem dürren Hügel, dessen Anbau sich
kaum verlohnt. Zwischen verfallenen Mauern und Dornhecken steigt
man jetzt auf die Höhe, von welcher aus man das Meer zu seinen
Füßen sieht. Ein steinernes Kreuz auf einer kleinen Plattform be=
zeichnet noch heute den Punkt, an welchem Kolumbus, von Kummer
gebeugt und von Hunger erschöpft, niedersank und für sich und seinen
Knaben die Mönche um ein Stück Brot anflehte. Aber hier, wo
alle Hoffnung dahin zu sein schien, sollte sie neu belebt werden. Der
traurige Anblick, die seltsame Sprache des Bittenden erregte die Neu=
gierde der Mönche, namentlich des Juan Perez, eines Beichtvaters
der Königin. Die Pforte des Klosters öffnete sich, und man führte
Kolumbus in die Wohnung des Abts. Von dem hohen Saal aus
eröffnet sich der Blick über den blauen Ocean, in dessen Anblick der
neugestärkte Fremdling von seinen Plänen und von seinem Kummer
erzählte. Zur Erinnerung an diese denkwürdige Stunde hat man
später auf mehreren Gemälden, welche jetzt den hohen Saal schmücken,
diese Ereignisse dargestellt. Der Pater Perez fühlte sich von den
schwärmerischen Vorstellungen des Erzählers angezogen und ließ von
dem nahen Palos einen Gelehrten kommen, der den Plan des Fremden
prüfen sollte, von dem man bis dahin im Kloster nie gehört hatte;
auch mochte der Abt von dem hergelaufenen Bettler in seiner arm=
seligen Kleidung anfangs keine hohe Meinung haben. Als der Freund
des Priesters, ein kaum dreißigjähriger Mann, erschienen war, wieder=
holte Kolumbus mit großer Begeisterung seine Ausführungen, und

auch der junge Gelehrte hörte mit derselben Spannnug zu, wie Juan Perez. Beide glaubten der Krone einen großen Dienst zu erweisen, wenn sie den merkwürdigen Mann zurückhielten. Perez schrieb der Königin Isabella einen Brief und sandte ihn durch einen besonderen Boten ins Lager vor Granada; es war die letzte Stadt, welche die Mauren noch behaupteten. Kolumbus blieb als Gast im Kloster. Nach vierzehn Tagen kam ein Dankschreiben der Königin zurück, durch welches Juan Perez zu der Königin berufen wurde. Noch in derselben Nacht reiste er ab und erhielt von der Königin die Zusage, daß Kolumbus zu seiner Unternehmung drei Schiffe erhalten solle. Zugleich wurde demselben ein Gnadengeschenk von 53 Dukaten zugesandt, damit er sich besser kleiden und bei Hofe erscheinen könne. Kolumbus sah mit neuer Hoffnung in die Zukunft. Als im Januar 1492 Granada in die Hände der Spanier fiel, war der maurische Krieg beendet und der Weg für Kolumbus geebnet. Da schien sich doch noch alles zerschlagen zu sollen an den hohen Forderungen, welche dieser stellte, Forderungen, die sich weder mit seiner hilfsbedürftigen Lage, noch mit der königlichen Würde vertrugen; denn er verlangte die höchste Würde und fast königliche Gewalt in den zu entdeckenden Ländern. Für sich und seine Nachfolger beanspruchte er die Würde eines Admirals, für seine Familie den Adelsstand. In den neuentdeckten Ländern wollte er den Titel „Vicekönig" führen und für alle hohen Ämter drei Männer zur Wahl vorschlagen. Ferner forderte er den zehnten Teil der königlichen Einkünfte aus dem Gewinn von Perlen, Edelsteinen, Gold, Silber, Spezereien und anderen Waren; er wollte der einzige Richter in allen Prozessen zwischen jenen Ländern und Spanien sein. Das waren Ansprüche, wie man sie nicht erwartet, wie man sie selbst einem gebornen Spanier noch nie gewährt hatte. Auch die Königin schreckte vor solchen Forderungen zurück, und weil Kolumbus keinen Schritt nachgab, wurden die Verhandlungen abgebrochen. Noch im Januar wollte der Abgewiesene Spanien verlassen, um nordwärts nach Frankreich zu reisen, wo man ihm, wie er behauptete, glänzende Versprechungen gemacht.

Da verwandten sich nochmals seine Gönner bei Hofe für ihn, unter ihnen auch der Schatzmeister der Königin. Man wies darauf hin, wie die unermeßlichen Reichtümer die königlichen Kassen wieder füllen könnten, wie Spanien durch den Zuwachs der Kolonien und durch Ausbreitung des chriftlichen Glaubens an Ruhm gewinnen würde. Sie erreichten ihren Zweck: Isabella erteilte den Befehl, Kolumbus noch in letzter Stunde zurückzurufen. Ein Eilbote erreichte ihn noch unterwegs und auf die Versicherung, daß die Königin auf seine Wünsche eingehe, kehrte Kolumbus wieder zurück. Der Vertrag wurde am 17. April vollzogen. Das Geld zur Ausstattung der Schiffe, 5300 Dukaten (29184 Mark), mußte die Königin, deren Kasse leer war, selbst anleihen. Kolumbus eilte sofort nach Palos, um hier seine Abfahrt mit allen Mitteln zu betreiben. In diesem kleinen Hafenplatz fand er ehrenvolle Unterstützung an der wohlhabenden Schiffer=familie der Pinzone, welche das Werk auch mit Geldmitteln unter=stützten und von denen mehrere sich zur Mitfahrt erboten. Es wurden drei Schiffe segelfertig gemacht; nur das größte, die Santa Maria, war vollständig gedeckt, die beiden anderen, Pinta und Nina genannt, waren in der Mitte offen und hatten nur vorn und hinten erhöhte Verdecke. Die Mannschaft, 120 Köpfe stark, entstammte Palos und den umliegenden Hafenplätzen. Das größte Schiff stand unter der Führung des Kolumbus; die Kapitäne der beiden anderen Fahrzeuge gehörten der Familie der Pinzone an

---

6. Die erste Fahrt nach Amerika.

Der 3. August 1492 war zur Abfahrt bestimmt. An diesem Tage herrschte in dem Hafen Palos ein buntes Leben; von weit und breit waren die Angehörigen der kühnen Mannschaften herbeige=kommen, sich von ihnen zu verabschieden. Mancher mochte denken, dies sei ein Abschied auf Leben und Tod; denn wenn man in Spanien auch daran gewöhnt war, die Seefahrer auf lange Zeit zu verabschieden, so fuhren diese doch immer ihre bekannten Wege nach der Westküste Afrikas; hier aber handelte es sich um eine noch nie befahrene Wasserwelt. Darum mochte einigen das Unternehmen wohl als ein bedenkliches und tollkühnes Wagstück erscheinen. Auch die Mannschaft selbst rüstete sich zu der unbekannten Reise durch eine feierliche Vorbereitung: jeder der Mitfahrenden legte in der Beichte ein Bekenntnis seiner Sünden ab, und alle nahmen das heilige Abend=mahl. Als das kleine Geschwader segelfertig war, gab Kolumbus

das Kommando, die Anker zu lichten, und man sagte dem heimat=
lichen Boden lebewohl.

Kolumbus führte gleich von Anfang an ein genaues Tagebuch,
von welchem der größte Teil, vielfach in wörtlichen Abschriften, er=
halten geblieben ist; es war bestimmt, später den königlichen Majestäten
vorgelegt zu werden. Neben diesem eigentlichen Tagebuche hielt der
Admiral noch ein zweites, welches er der Schiffsmannschaft unterwegs
vorzuzeigen pflegte. Während ersteres die täglich zurückgelegte Strecke
nach seiner Schätzung genau angab, waren in das letztere kleinere
Strecken eingetragen, was für den Tag eine um etwa 8—10 Meilen
geringere Strecke ergab. Kolumbus verfolgte mit diesem also ge=
fälschten Tagebuch die Absicht, die Schiffsmannschaft nicht durch die
große Meilenzahl zu schrecken und zaghaft zu machen, sollte sich das
Land länger, als er vermutete, den Blicken entziehen. Es ist wohl
der einzige Fall auf einer solchen Entdeckungsfahrt, daß zu diesem
Mittel der Täuschung gegriffen wurde. Der Kurs ging zuerst nach
den kanarischen Inseln; von hieraus sollte die Fahrt nordwärts
über die Inseln Antilia und Zipangu nach Indien gehen. Aber auf
der Fahrt zum ersten Anlegepunkte brach der Pinta das Steuer, und
die kleine Flotte war gezwungen, zur Ausbesserung des Schiffes vier
Wochen auf den kanarischen Inseln zu verweilen. Erst am 6. September
trat man die eigentliche Oceanfahrt an. Schon am dritten Tage, am
9. September, begann Kolumbus ein zweites, der Mannschaft stets
zugängliches Tagebuch zu führen; so segelte er beispielsweise am
10. September 60 spanische Meilen, erwähnte aber nur 48, um die
Mannschaft durch die Länge der Fahrt nicht zu entmutigen. Nach
einigen Tagen, am 13. September, machte Kolumbus eine höchst
wichtige Entdeckung auf seinem Kompaß, welche einen denkwürdigen
Abschnitt in der Seefahrt bezeichnet. Während die Magnetnadel,
welche Kolumbus fortwährend beobachtete, bis dahin nach Norden
zeigte, bemerkte er damals zuerst eine Abweichung derselben nach Nord=
westen, und am folgenden Tage nahm dieselbe noch zu. Diese Ab=
weichung (Deklination) der Magnetnadel ist seitdem auf vielen Punkten
der Erde beobachtet und muß von den Führern der Schiffe bei dem
Kurs derselben sorgfältig berücksichtigt werden.

Schon am 16. September, also zehn Tage nach dem Beginn der
Entdeckungsreise, glaubte Kolumbus Anzeichen eines Landes zu bemerken.

Die Schiffe waren eingelaufen in das sogenannte Sargassomeer, in welchem, ohne den Schiffer in der Fahrt zu stören, Massen abgerissenen Seetangs treiben. Der Tang treibt, vom Winde losgerissen, in langen Fäden vor dem Winde her und sinkt, wenn er abgestorben, in die Tiefe. Das Tangmeer liegt zwischen dem 20. und 35. Grad nördlicher Breite und ist keineswegs überall von gleicher Dichtigkeit. Kolumbus hielt diese treibenden Pflanzenteile für ein Zeichen nahen Landes. Am 18. September glaubte die Mannschaft, in der Ferne die dunklen Streifen des ersehnten Landes schimmern zu sehen; aber es war nichts als ein trüber Horizont, der sie täuschte. Bisher hatte ein beständiger Ostwind die Schiffe vor sich hergetrieben; als aber die Windrichtung unverändert dieselbe blieb, beschlich die Schiffsmannschaft die Furcht, daß man gegen diesen Wind die Rückfahrt nicht erzwingen könne. Am 23. September war das völlig ruhige Meer wieder von größeren Tangmassen bedeckt, ohne daß man das erwünschte Land erblickte. Am 25. September kam das Geschwader in die Meeresgegend, in welcher nach der Karte Toscanellis die Insel Antilia liegen mußte. Der Admiral hatte diese Karte vor drei Tagen dem Martin Pinzon an Bord geschickt und nahm jetzt Rücksprache mit ihm. Letzterer glaubte die Insel sogar zu sehen, und Kolumbus ließ gegen Westen steuern, sie aufzusuchen; aber am folgenden Tage erkannte man, daß wieder der dunkle Horizont den Irrtum herbeigeführt habe. Am 1. Oktober schätzte Kolumbus die Entfernung von den kanarischen Inseln auf 707 spanische Meilen (à 6¹⁄₃ km), trug aber in das eine seiner Tagebücher nur 585 Meilen ein; die beiden anderen Schiffe nahmen die zurückgelegte Strecke 50—80 Meilen geringer an, als der Admiral.

Indessen steuerte man unaufhaltsam weiter in das endlos scheinende Weltmeer. Dabei wurden die Schiffsleute immer ernster und verdrossener: Kolumbus las in ihren Mienen Unwillen über ihn, den Admiral. „Die spanischen Begleiter," so erzählt ein Geschichtsschreiber, „fingen erst heimlich an zu murren und traten dann offen zusammen. Sie drohten ihren Führer ins Meer werfen zu wollen; sie behaupteten, sie seien von dem ligurischen Menschen betrogen und ins Verderben gebracht." Kolumbus selbst beklagt sich in seinem Tagebuche, daß seine Leute einstimmig die Rückfahrt verlangt und Drohungen gegen ihn ausgestoßen hätten. In diesen schweren Stunden fand er die beste Stütze an den anderen Kapitänen, die immer vorwärts drängten. Am 7. Oktober sah Kolumbus eine Schar Vögel nach Südwesten fliegen. Er erinnerte sich, wie manche Insel die Portugiesen entdeckt hatten, indem sie dem Flug der Vögel folgten; deshalb lenkte er jetzt den Kurs aus Westen nach Südwesten. Am 10. Oktober murrte die Mannschaft wieder über die lange Dauer der Reise; der Admiral wollte sie mit der Aussicht auf reichen Gewinn beruhigen, und als auch dies nichts fruchtete, erklärte er, daß er unter allen Umständen mit Gottes Hilfe den Weg bis Indien fortsetzen werde.

Unterdessen hatten sich die Schiffe über 750 Meilen von den kanarischen Inseln enfernt. Eifriger als je wurde nach Land ausgeschaut; denn demjenigen, der es zuerst erspähte, hatte die Königin reiche Geschenke und eine jährliche Rente von 10000 Maravedis (257 Mark) zugesagt. Die Folge war, daß der Ruf: „Land!" die Mannschaft wiederholt in freudige Erregung versetzte, ohne daß die Erwartung sich erfüllte. Darum wurde bestimmt, daß der des Finderlohns verlustig sein sollte, welcher die Gemüter wieder auf solche voreilige Weise aufrege.

Dennoch hafteten die Blicke aller um so eifriger am westlichen Horizont, als die Anzeichen des nahen Landes sich mehrten. Schon am 7. Oktober gab die vorausgesegelte Nina durch einen Kanonenschuß das Zeichen, daß man das Land sehe, und doch mußte man sich wieder von einer Täuschung überzeugen; ebensobald aber sollte die Hoffnung wieder neu belebt werden. Am 9. Oktober glaubte man einen frischen Hauch zu spüren, wie wenn er von fernen Blütenbäumen herüberwehte. Am 11. Oktober fischte die Mannschaft am Admiralsschiff einen frischen, grünen Zweig auf, bei der Pinta einen mit Feuer bearbeiteten Stab und einen Zweig mit roten Beeren. Am späten Abend dieses Tages glaubte Kolumbus vom höchsten Punkte seines Verdeckes aus einen Lichtschimmer zu erkennen, wie wenn jemand eine Fackel trüge; auch andere meinten diesen Schein zu erkennen. Nach einigen Stunden, am 12. Oktober morgens 2 Uhr, sah der Matrose Rodrigo von der Pinta aus einen flachen Strand im Mondschein leuchten, und in der That erreichte man denselben nach einer Fahrt von zwei Seemeilen.

Ein Kanonenschuß als verabredetes Zeichen gab den beiden nachfolgenden Schiffen von dem freudigen Ereignis Kunde, und als es

Die Landung auf San Salvador.

Tag geworden, sah man sich vor einer grünen Insel. 32 Tage hatte die Reise gedauert. Unnennbare Freude durchströmte die Brust der Entdecker. Mit Freudenthränen sank der eine dem andern in die Arme, und als Kolumbus den alten Lobgesang: Te deum laudamus (Herr Gott, dich loben wir) anstimmte, fielen alle mit ein. Jeder beeilte sich, dem Admiral seine Huldigung darzubringen. Diesem und nicht dem Rodrigo wurde später der königliche Lohn ausgezahlt, den freilich Kolumbus auch für sich in Anspruch nahm.

Die Befehlshaber der Schiffe beschlossen, sofort zu landen. Die Böte wurden flott gemacht und mit Bewaffneten gefüllt. Mit entfalteten Fahnen, auf denen neben dem grünen Kreuz die Anfangsbuchstaben der königlichen Namen Ferdinand und Jsabella (F und J) standen, stiegen die Entdecker ans Land und warfen sich zur Erde, um den Boden zu küssen. Kolumbus gab diesem zuerst entdeckten Eiland den Namen San Salvador, das ist „heiliger Erlöser", denn die Insel sollte ein Erstlingsopfer seines Heilandes sein. Die Eingeborenen nannten dieselbe Guanahani. Die braunen Insulaner kamen scharenweise zu den weißen Fremdlingen, und Kolumbus ließ kleine Geschenke, wie Glasperlen, Nadeln und Schellen unter sie verteilen. Das machte sie zutraulicher. Die meisten derselben waren vollständig nackt; Waffen trug keiner. Einige hatten ihre dunkle Haut mit roten oder weißen Streifen bemalt, entweder im Gesicht oder auch am ganzen Körper. Bald begannen die Spanier einen gewinnbringenden Tauschhandel. Mehrere der braunen Gäste trugen nämlich in den Nasenflügeln Goldschmuck, welchen die Spanier für Kleinigkeiten erstanden. Auf die Frage, woher das Gold stamme, wiesen die Eingeborenen nach Südosten, und bald stand es für die Spanier fest, daß noch andere Länder in der Nähe sein müßten. Mehrere der Indianer — so nannte Kolumbus die Bewohner schon am vierten Tage — hatten Narben, welche sie, wie sie durch Zeichen zu verstehen gaben, im Kampfe mit benachbarten Stämmen erhalten haben wollten. Daß diese Feinde nicht fern wohnen konnten, ersah man aus den Ruderkähnen der Indianer, welche aus einem Stamm gebaut waren und deshalb nur für einen Verkehr mit naheliegenden Inseln oder Küsten berechnet sein konnten.

Die Spanier waren auf der Gruppe der Bahamainseln gelandet, welche aus 12 größeren und etwa 600 kleinen Inseln besteht,

Patagonier.

Federschmuck-Indianer in Kalifornien.

Celembis-Indianer.

Botokude.

Coregnase-Indianer.

Indianer im Nordwesten.

abgesehen von den zahllosen Klippen. Welche unter diesen Inseln Guanahani hieß, ist noch heute nicht ausgemacht. Weil die entdeckten Inseln weder Gold, Edelsteine noch Perlen bargen, haben die Spanier sie bald unbeachtet gelassen, nachdem sie dieselben vorher ausgeraubt und entvölkert hatten; schon 1525 wurden die letzten elf Bewohner nach Haiti verpflanzt. Deshalb konnte man später die Eingeborenen auch nicht mehr über die Lage der Insel befragen, und die späteren Karten bezeichneten dieselbe nicht genau genug. Kolumbus sagt von Guanahani: „Diese Insel ist ziemlich groß und ganz flach und hat sehr viele Bäume und viel Wasser und in der Mitte eine sehr große Lagune, aber kein Gebirge." Diese Beschreibung paßt am besten auf die Insel, welche heute den Namen Watling Island trägt, weshalb man diese als die zuerst entdeckte Insel ansieht.

7. Westindien.

Kolumbus glaubte in Ostasien zu sein. Er hoffte, alle jene reichen Landschaften und Staaten zu finden, welche auf der Karte Toscanellis in dieser Gegend gezeichnet waren. Zunächst wollte er die Insel Zipangu (Japan) suchen und dann nach China fahren, um dem Großkaan, dem Herrscher dieses Landes, die Briefe des Königs von Spanien zu überreichen. Nachdem er mehrere kleinere Inseln besucht, erhielt er bestimmte Nachricht, daß weiter nach Süden eine große Insel gelegen sei. Die Indianer nannten sie Colba — es ist das jetzige Kuba — Kolumbus aber glaubte, es sei Zipangu, um so mehr, weil seine Karte dieses Land auf jenem Punkte zeigte. Am 28. Oktober liefen seine Schiffe in einen prachtvollen Fluß an der Nordküste der Insel Kuba ein, die er bedeckt fand mit herrlichen, von den afrikanischen verschiedenen Palmen. Kolumbus trug am 1. November in sein Tagebuch ein: „Kuba ist das feste Land von Asien, wir befinden uns vor Oninsay und Zaiton (in China) in einem Abstande von etwa 100 spanischen Meilen." Die Sprache der Indianer und ihre Angaben führten neue Irrtümer herbei. Martin Pinzon, der Führer der Pinta, fragte wiederholt nach den Fundstätten des Goldes, und die Indianer antworteten ihm: „Kubanacaan," das ist „die Mitte Kubas." Dort sollte also das Gold zu finden sein. Die Spanier

deuteten aber den Ausdruck so, daß er „Kaan von Kuba" bedeute.
Später bezeichneten die Indianer ihre gefährlichen Nachbarn, welche
ihre erschlagenen Feinde verzehrten, mit dem Namen Kaniba; da
glaubte Kolumbus, unter den Kannibalen seien die Unterthanen des
Kaan zu verstehen. Um sobald als möglich mit dem Großkaan in
Verbindung zu treten, schickte er schon am 2. November zwei Spanier
an Land, deren einer der gelehrte Jude de Torres war, welcher nicht
nur Hebräisch und Chaldäisch, sondern sogar etwas Arabisch verstand;
er sollte als Dolmetscher den Verkehr |mit den fremden Völkern er-
leichtern. Auch zwei Indianer wurden mitgeschickt; sie wurden an-
gewiesen, dem Großkaan die Briefe zu überreichen und sich nach den
Spezereien zu erkundigen, von denen sie Proben bei sich führten.
Für Perlenschnüre, die sie statt des Goldes mitnahmen, sollten sie
sich Lebensmittel eintauschen.

Schon am vierten Tage kehrten sie heim und berichteten, sie hätten
12 Meilen landeinwärts einen Ort mit 50 Häusern und 1000 Einwohnern gefunden. Freundlich und feierlich hatte man sie empfangen
und in den besten Häusern untergebracht. Man küßte ihnen die Füße,
weil sie für Gesandte der Götter galten; die Vornehmsten des Dorfes
trugen sie auf den Armen zu dem größten Gebäude, wo sie nieder-
gesetzt wurden. Auch die Frauen bezeugten ihnen ihre Verehrung.
Als die Späher den Eingeborenen durch Zeichen zu verstehen gaben,
daß sie Gewürze suchten und ihnen Proben derselben vorlegten, zeigten
die Gefragten nach Süden, wo diese Produkte seien. Als die Spanier
durch das Land wanderten, bemerkten sie auch zum ersten Mal die
Sitte des Rauchens. Der Name Tabak (Tabaco) wurde nicht für
das Kraut selbst, sondern für die aus demselben gefertigten Rollen
gebraucht, welche man ansteckte, um den Rauch einzusaugen.

Die Indianer hatten eine östlich gelegene Insel Babaque als
besonders goldreich bezeichnet; darum ließ Kolumbus am 13. November
die Schiffe wenden, um nach Osten zu steuern. Nach acht Tagen
hatte er die Ostspitze Kubas erreicht. Als er von hier nach Nordosten
ins Meer hineinsteuerte, entfernte sich in der Dunkelheit die Pinta
heimlich vom Geschwader, um auf eigene Hand die Insel Babaque
zu finden. Kolumbus ging zurück nach Kuba, von dessen Schönheit
er ganz entzückt war. „Tausend Zungen," so schreibt er, „sind nicht
imstande, die Wunder, die mich umgeben, zu beschreiben. In dem

milden, lieblichen Klima befindet sich die ganze Mannschaft wohl, nicht einer ist krank." Der Ostspitze Kubas, welche er für den äußersten Punkt Asiens hielt, gab er den Namen Alpha und Omega und erreichte von hier ab die jetzige Insel Haïti, welcher er, weil sie den süd= spanischen Landschaften ähnlich war, den Namen Espagniola gab. Von ihr giebt er eine Schilderung voll Begeisterung über die Herr= lichkeit des Landes. „Ihre Berge und Ebenen, ihre Auen und Fluren sind so schön und üppig. Hier könnte man alle Feldfrüchte bauen, alle Arten Vieh züchten, Städte und Dörfer gründen Die Küste ist reich an Häfen, die Menge und Größe der Flüsse, von denen die meisten Gold in ihrem Sande mit sich führen, übertrifft alles." Kolumbus glaubte, der reichsten Gegend der Erde nahe zu sein und sein tägliches Gebet war: „Möge der Herr nach seiner Barmherzigkeit mich die Goldminen finden lassen!"

Um diese Zeit aber, am 24. Dezember, wurden die Entdecker von dem ersten schweren Unglück heimgesucht. Der Admiral hatte eine schwierige Fahrt gehabt und war zwei Tage lang ohne Schlaf geblieben. Nachdem sich der Sturm gelegt, übergab er das Kommando dem Steuermann und ging in die Kajüte, um auszuruhen. Aber auch der Steuermann wurde von der Müdigkeit übermannt und über= ließ das Steuerruder einem unerfahrenen Schiffsjungen. Kurz vor Mitternacht geriet das Schiff mit heftigem Stoß auf eine Sandbank. Auf das Geschrei des unerfahrenen Burschen eilte Kolumbus an Deck und sah sofort, daß sein Fahrzeug verloren sei. Als die Ebbe eintrat, neigte es sich seitwärts, und man versuchte, durch Kappen des Hauptmastes das Schiff zu erleichtern; aber es legte sich immer mehr auf die Seite und lief voll Wasser. Zum Glück war die Nina in der Nähe, deren Kapitän die Mannschaft aufnahm; auch wurde am folgenden Tage noch ein Teil der Ladung geborgen, wobei auch die Indianer willkommene Dienste leisteten. Dann mußte die Santa Maria ihrem Schicksal überlassen werden. Wiederum glaubte Kolumbus in Zipangu zu sein; er ließ sich nämlich aufs neue täuschen durch den Namen einer Landschaft auf Haiti, welche die Indianer Cibao nannten. Die Bewohner waren sehr gutmütig, und man durfte in der Nähe Gold vermuten, weil sie allerlei goldenen Schmuck trugen; auch zeigte der Boden eine üppige Fruchtbarkeit. Kolumbus freute sich dort zu sein, und pries sogar seinen Schiffbruch als eine gnädige

3

Fügung Gottes. Er beschloß, auf Haiti eine Kolonie zu gründen und war hierzu auch fast gezwungen, weil das einzige kleine Schiff, welches er noch hatte, die ganze Mannschaft nicht fassen und nach Spanien zurückbringen konnte. Auch waren mehrere der Mitgefahrenen bereit, in der Kolonie zurückzubleiben; sie hofften, durch einen gewinnreichen Tauschhandel in kurzer Zeit reich zu werden. Am zweiten Weihnachts= tage trug Kolumbus in sein Tagebuch ein: „Ich hoffe zu Gott, daß ich bei meiner Zurückkunft von Kastilien hieher eine Tonne Goldes finden werde, welche die Hinterbliebenen eingetauscht haben, und daß diese inzwischen die Goldminen selbst und die Spezereien in solcher Fülle entdeckt haben, daß, ehe drei Jahre vergehen, der König und die Königin die Eroberung Jerusalems in Angriff nehmen können. Denn das war — ich bezeugte es vor Ew. Majestät — mein Verlangen, durch meine Unternehmung die Mittel zur Eroberung Jerusalems zu schaffen. Ew. Majestät lachten darüber und sagten, daß ihnen das gefalle, daß sie aber auch ohnedies bereit seien, die Entdeckungsfahrt zu unterstützen." In der Kolonie, welche Navidad, das ist Weih= nachten, genannt wurde, blieben 39 Spanier zurück, und Kolumbus lichtete am 3. Januar 1493 die Anker zur Fahrt nach Europa. Nach zwei Tagen traf er wieder mit der Pinta zusammen, deren Kapitän im Goldfinden glücklicher gewesen war, denn er hatte nicht wenig davon an Bord und für ein Stück Schnur beispielsweise eine hand= große Goldstufe erhalten. Er erschien an Bord des Admiralschiffes und entschuldigte sich wegen seiner Trennung, wobei er behauptete, daß sie gegen seinen Willen erfolgt sei; doch glaubte Kolumbus ihm nicht.

Am 13. Januar hatten die Mannschaften der beiden Schiffe einen blutigen Zusammenstoß mit Indianern, wobei zwei der letzteren fielen. Am 16. Januar verließen die Schiffe Haiti, um über den Ocean heimzufahren. Fast der ganze Monat verlief ohne Unfall; aber im Februar erhob sich ein so furchtbares Unwetter, daß Kolumbus gelobte, einer der Schiffsleute solle im Fall der Rettung eine Reise nach dem berühmten Wallfahrtsorte Loreto in Italien machen; alle verpflichteten sich, an der nächsten Küste im Bußgewande eine Prozession abzuhalten und der Mutter Maria ein Dankopfer darzubringen. Aber der Sturm wurde noch heftiger und raste mit solcher Gewalt, daß die Schiffe kaum noch über Wasser blieben. Der Admiral fürchtete, daß mit seinem Untergange der Welt seine ganze Entdeckung verloren ginge.

Er schrieb deshalb auf Pergament einen kurzen Bericht seiner Reise, schloß denselben in festes Segeltuch ein und verpackte ihn in ein Kistchen. Dieses wurde über Bord geworfen, und Wind und Wogen mußte es überlassen bleiben, die Kunde der Entdeckung nach Europa zu bringen. Dann aber schlug das Wetter um, und man erreichte am 17. Februar die Azoren. Getreu ihrem Gelübde zog zunächst die Hälfte der Mannschaft zur Kirche; hier aber wurde sie durch den portugiesischen Gouverneur während der Andacht überfallen und mehrere Tage gefangen gehalten. Erst, nachdem Kolumbus seine königlichen Vollmachten vorgezeigt hatte, kamen sie wieder frei. Nach der Abfahrt wurden die Schiffe abermals von einem wüthenden Orkan heimgesucht und voneinander getrennt; endlich aber erkannte man an der hoch= aufragenden Küste das Gebirge an der Mündung des Tajo. Das portugiesische Wachtschiff verlangte, Kolumbus solle an Bord erscheinen und über seine Person und Fahrt Auskunft geben; aber als spanischer Admiral lehnte er es ab und sandte nur seine königlichen Vollmachten. Von Lissabon aus, wo Kolumbus vor Anker ging, verbreitete sich die Nachricht von seiner Heimkehr wie ein Lauffeuer durchs Land, und die mitgenommenen Indianer wurden von der schaulustigen Menge angestaunt. Der König von Portugal, Johann II., welcher sich in der Nähe Lissabons aufhielt, hörte ebenfalls von dem vielbesprochenen Ereignis und ließ den Entdecker an seinen Hof kommen; er nahm ihn freundlich auf, that aber den Ausspruch, daß nach den Schenkungen der Päpste und seinen Verträgen mit Spanien die entdeckten Länder eigentlich ihm zukämen. Da meinten einige seiner Hofleute, ihrem Könige einen Gefallen zu thun, wenn sie Kolumbus beseitigten; sie wollten wie von ungefähr Streit mit ihm anfangen und ihn bei der Gelegenheit töten. Das wurde aber vom Könige verhindert und Kolumbus mit Ehrenbezeugungen entlassen.

Am 13. März verließ dieser Lissabon und landete nach zwei Tagen vor Palos. An demselben Tage lief hier auch das Schiff des Pinzon ein. Er hatte dem König die erste Kunde der glücklichen Heim= kehr zugesandt und um eine Audienz gebeten; doch erhielt er die Weisung, nur im Gefolge seines Admirals zu erscheinen. Diesen Be= scheid empfand er als eine so schwere Kränkung, daß er bald nachher starb. Kolumbus zog unter dem lauten Jubel des Volks in Palos ein und setzte dann seinen Triumphzug bis Sevilla fort. Eilboten wurden an den Hof gesandt, der sich in Barcelona aufhielt. Dorthin beschied ein königliches Handschreiben den Entdecker. Aus allen Orten strömte das Volk zusammen, ihn, die mitgebrachten Merkwürdigkeiten, vor allem auch die noch nie gesehenen Indianer zu schauen. Gegen die Mitte des April hielt Kolumbus seinen Einzug in Barcelona, wo der König ihm die höchste Ehre erzeigte. In Gegenwart des Königspaares durfte Kolumbus sich setzen, was als die höchste Gnadenbezeugung galt. Alsdann erzählte er von seiner Fahrt. Die Gedanken des Entdeckers ergeben sich aus dem Berichte, welchen derselbe noch auf See, „auf der Höhe der kanarischen Inseln," für den König und die Königin geschrieben. In demselben heißt es: „Gott hat auf so wunderbare Weise alles bestätigt, was ich behauptet habe gegenüber den Meinungen hochgestellter, einflußreicher Personen, welche meinen Plan für Träumerei und mein Vorhaben für ein Hirngespinst hielten. Aber daß dieses große Unternehmen so glänzend verlaufen, ist nicht mein Verdienst, sondern dasselbe gebührt dem heiligen katholischen Glauben und der Frömmigkeit unserer Monarchen . . . . Deshalb mögen nun der König und die Königin, die Fürsten und ihre glücklichen Staaten, sowie alle anderen Länder der Christenheit, wir alle, dem Erlöser, unserm Herrn Jesu Christo, danken, daß er uns solchen Sieg verliehen hat. Es mögen Prozessionen begangen und heilige Feste gefeiert, die Tempel mit grünen Zweigen geschmückt werden."

Nach dem Wunsche des Kolumbus mußte alsbald damit begonnen werden, eine neue, größere Flotte fertig zu stellen. Alles wurde nach dem Plane des Entdeckers angeordnet. Dieser selbst erhielt die versprochenen Würden und Titel bestätigt und ein eigens für ihn angefertigtes Wappen, auf welchem unter anderem sein Familienwappen und goldene Inseln in blauen Wogen prangten. Fünf Anker waren das Abzeichen der Admiralswürde, und die Umschrift lautete: „Kolumbus gab Castilien und Leon eine neue Welt."

Wegen dieser neuen Welt fürchtete Spanien die Eifersucht Portugals. Darum beeilte sich der König, beim Papste Alexander VI. die Bestätigung für alle bisherigen und künftigen Entdeckungen zu erhalten; zugleich gewann aber die christliche Kirche Aussicht auf eine weite Verbreitung. Im Anfang des Monats Mai 1493 schon erklärte sich der Papst einverstanden. „Da nun," so heißt es, „Kolumbus

gewisse weit entlegene Inseln und Festländer, welche bisher noch nicht
gefunden waren, entdeckt hat, so geben wir aus freier Bewegung und
apostolischer Machtvollkommenheit Euch alle diese neu entdeckten und
neu zu entdeckenden Inseln und Länder, so weit sie noch keinem christ=
lichen König gehören, Euch und Euren Erben und verbieten allen
andern, dahin zu fahren und ohne Eure Erlaubnis Handel zu treiben."
Wer dieser Anordnung widerstreben werde, sollte aus der Kirche aus=
geschlossen werden. Eine Linie, 100 spanische Meilen westlich von
den Azoren von Pol zu Pol laufend, sollte die portugiesischen Be=
sitzungen an der Westküste Afrikas von den neuentdeckten spanischen
Ländern scheiden; die westliche Erdhälfte sollte spanisch sein. Diese
Linie wurde später auf Antreiben Portugals zu dessen Gunsten weiter
nach Westen verlegt, indem der Grad 370 Meilen westlich von den
kapverdischen Inseln als Grenze angesehen wurde.

8. Die zweite Reise des Kolumbus.

Kolumbus hatte das Ende des Streites über die Grenzen des
spanischen und portugiesischen Besitzes nicht abgewartet, sondern war
schon zur zweiten Reise in den Ocean hineingefahren, diesmal mit
einer ansehnlicheren Flotte: nicht weniger als 15 Schiffe wurden ihm
zur Verfügung gestellt, bemannt mit 1200 Bewaffneten, denen sogar
Reiter zugesellt waren. Die wichtigsten Produkte der alten Welt, ihre
Getreide und Gemüse, ihre Weinreben wurden in Saat oder Pflanze
mitgenommen. Weil in Amerika unsere milchgebenden Haustiere, die
Wiederkäuer, gänzlich fehlten, waren auch sie in genügender Anzahl
auf der Flotte. Darum bot das diesmalige Geschwader einen andern
Anblick dar: es segelte nicht eine Schar von Entdeckern hinaus, sondern
es handelte sich darum, daß eine große Anzahl von Auswanderern
von der neuen Welt Besitz ergreifen sollte. Ein spanischer Geistlicher
war von Rom aus zum Leiter der kirchlichen Angelegenheiten in der
neuen Welt bestimmt; auch fünf Glieder des spanischen Adels be=
teiligten sich an der Fahrt. Kolumbus Plan war, in der neuen Welt
zunächst eine größere Niederlassung, ansehnlicher als Navidad, zu be=
gründen. Dann wollte er seine Entdeckungen an der Küste Kubas
wieder aufnehmen und von dort bis zu den großen Märkten Ost=

asiens vordringen. In derselben Richtung gedachte dann Kolumbus weiter zu steuern, um so die ganze Erde zu umsegeln; eine Erd= umsegelung glaubte er um so leichter ausführen zu können, weil nach seiner Meinung die Erde einen geringeren Umfang hatte, als die Astronomen glaubten.

Am 25. September 1493 brach die Flotte von Kadix auf und segelte nach den kanarischen Inseln, wo dieselbe bis zum 13. Oktober ver= blieb, weil ein leckgewordenes Schiff ausgebessert werden mußte. Dann stach man in See und erreichte schon nach 20 Tagen jenseit des At= lantischen Meeres Land. Die Spanier gelangten wieder in eine Inselwelt; es waren die kleinen Antillen; die Landung erfolgte also erheblich weiter nach Süden, als auf der ersten Reise. Weil die erste Insel, Dominica, keinen guten Hafenplatz hatte, steuerte man nördlicher, und Kolumbus nannte die nächste Insel nach seinem Schiffe Maria galante, welche aber unbewohnt zu sein schien. Am nächsten Tage wurde eine Doppelinsel entdeckt. Weil Kolumbus den Mönchen des Klosters Guadelupe in Spanien versprochen hatte, eine seiner Entdeckungen nach ihrem Heiligtum zu benennen, wurde die Insel mit diesem Namen belegt, den sie auch noch heute führt. Vom Schiffe aus gewährte sie einen prächtigen Anblick: von hohem Gebirge stürzte sich ein herrlicher Wasserfall ins Thal hinab. Die Entdecker landeten bei einigen verlassenen Hütten, in denen sie eine Menge Baumwolle und baumwollene Stoffe fanden. Aber auch ein unheimlicher Anblick bot sich ihnen dar: vor den Hütten lagen Menschenknochen, ein sicheres Zeichen, daß die Insel von Menschenfressern bewohnt sei. In der That war Menschenfleisch ihr bestes Essen; besonders Knaben wurden zu ihren schrecklichen Mahlzeiten aufgemästet. Wieder ließ sich Kolumbus durch einen Ausdruck der Indianer in seinem alten Irrtum bestärken. Einzelne derselben wurden gefangen genommen, und von ihnen erfuhr man, daß sie sich Cariben nannten. Die Spanier aber verstanden „Kanib", und so galten sie Kolumbus wieder als Unterthanen des Kaan, dessen Land man suchte. Durch dieses Mißverständnis kam es, daß später die wilden Stämme, welche ihre Mitmenschen ver= zehrten, als Kannibalen bezeichnet wurden. Als Dolmetscher dienten die von den Bahamainseln mitgenommenen Indianer. Die Spanier erkannten, daß diese von den Kannibalen in mancher Hinsicht über= troffen wurden: letztere hatten eine an Hilfsmitteln reichere Heimat, man fand bessere Wohnungen, und die Kunst des Webens war bekannt. Sie waren ein kriegerisches Volk; denn eine benachbarte Insel war von ihnen im Kriege entvölkert. Mehrere Inseln wurden in jenem Gebiet entdeckt, darunter Antigua, San Martin, ebenso die Insel der 10000 Jungfrauen. Alle diese Entdeckungen wurden mit den Namen derjenigen spanischen Klöster belegt, in denen die Entdecker einstmals Gelübde abgelegt hatten. Endlich stieg das schöne und gesegnete Puerto rico, die östlichste der großen Antillen, vor ihren Augen auf, und von hier erreichte man am 22. November die Insel Hispaniola; der Teil der Küste, wo gelandet wurde, erhielt den Namen Haiti. Aber unaufhaltsam strebten die Spanier vorwärts der Ansiedelung Navidad zu, welche nach der Meinung des Kolumbus in blühendem Zustande und im Besitze reicher Goldschätze angetroffen werden würde. Aber er sollte bitter getäuscht werden. Zwölf Meilen von der Kolonie fand man an der Küste in hohem Grase zwei Leichen, ohne Kleider und bereits unkenntlich geworden; die eine trug einen Strick um den Hals, die andere um die Füße, ein sicheres Zeichen, daß sie Opfer der Gewalt geworden waren. Nach zwei Tagen fand man wieder zwei Leichen, von denen die eine einen großen Bart hatte; das war ein höchst bedenkliches Zeichen, weil alle Indianer bartlos waren. Endlich wurde Navidad erreicht, und der Admiral ließ zwei Kanonen lösen, um seine Ankunft zu melden. Aber niemand zeigte sich; die Spanier hatten am Strande eine fröhliche Menge erwartet, man hatte auf lauten Jubel gerechnet, und jetzt blieb alles still. Das Schlimmste war zu befürchten. Endlich kam ein einsames indianisches Boot heran und ließ sich beim Admiral melden. Der Bootführer brachte diesem zwei Goldmasken als Geschenke seines Königs. Dieser selbst, so hieß es, könne nicht kommen, weil er im Kampfe mit zwei benachbarten Fürsten am Bein verwundet wäre. Auf die Frage nach dem Befinden der spanischen Kolonisten erhielten deren Landsleute dunkle Antwort: einige seien noch wohl, manche gestorben und andere in einem ausgebrochenen Streit erschlagen.

Darauf wurde gelandet. Das Blockhaus in Navidad war niedergebrannt, und es entging den Europäern nicht, daß die Indianer ihnen scheu aus dem Wege gingen. Endlich gelang es, einige derselben an Bord zu bringen, und hier gestanden sie, daß sämtliche zurückgebliebenen Spanier tot seien. Deren Landsleute durchstreiften

jetzt das Land und fanden in einer kleinen indianischen Nieder=
lassung mehrere Gegenstände, welche den Gestorbenen gehört hatten,
unter anderem auch deren Kleider. Als sie nach der Festung zurück=
gekehrt waren, zeigten die Indianer eine Stelle, wo, von hohem Grase
überwuchert, die Leichen von elf Spaniern lagen. In starker Be=
gleitung zog dann Kolumbus zum Krankenbette des Königs. Dieser
lag ausgestreckt auf einem von Baumwollenfäden hergestellten Netzwerk,
dessen beide Enden an den Pfosten der Hütte befestigt waren. Es
war die erste Hängematte, welche die Europäer sahen. Der König
erzählte weinend den Untergang der Spanier: einige seien ihrer
Krankheit erlegen, andere beim Goldsuchen von den feindlichen Königen
erschlagen, der Rest bei der Verteidigung der Festung gefallen. Ein
spanischer Arzt, den Kolumbus mitgenommen, erbot sich, den Ver=
wundeten zu heilen. Scheinbar erfreut, verließ dieser seine Lagerstatt,
um, gestützt auf den Admiral, ins Freie zu kommen; denn in der
Hütte war es zur Untersuchung der Wunde zu dunkel. Der König
wollte durch einen Steinwurf schwer getroffen sein; aber wunderbarer
Weise fand der Arzt nach Entfernung des Verbandes nicht die ge=
ringste Verletzung, so sehr auch der Indianer über heftigen Schmerz
klagte. Mehrere aus der Begleitung des Admirals drängten auf
Gefangennahme des Königs; aber Kolumbus wollte, wenn irgend
möglich, mit den Eingeborenen in Frieden bleiben. Weil die Lage
Navidads eine sehr ungesunde war, lichtete er die Anker und fuhr an
der Küste zurück, um den Platz für eine neue Ansiedelung zu suchen.
Nach drei Monaten legte er den Grund zu der Festung Isabella,
um welche man eine Stadt erbauen wollte, deren Hauptgebäude aus
Stein bestehen sollten; zu derselben wurde der Plan entworfen. Aber
auch hier war die Lage ungesund, und bald lag der dritte Teil der
Ankömmlinge krank danieder; auch Kolumbus erkrankte und konnte
ein Vierteljahr lang sein Tagebuch nicht führen. Darum mußte die
Ansiedelung bald wieder verlassen werden; heute ist ihre Trümmerstätte
mit Wald bewachsen.

Die Gegend schien reich zu sein an Zimmt und Muskatnüssen;
vor allem aber spähte man aus nach dem edlen Golde, und nach den
Versicherungen der Indianer sollten im Innern der Insel, in der
Landschaft Cibao, in der That Goldfelder vorhanden sein. Eine
mutige Schar von 16 Mann wagte einen Streifzug in dieses Gebiet

und gelangte nach siebentägiger Reise an Bäche, deren Goldsand sie dem Admiral als besten Beweis ihres Erfolges mitbrachten. Am 2. Februar 1494 hatte Kolumbus zwölf Schiffe nach Spanien zurückgeschickt, welche die Kranken in die Heimat bringen sollten; denn in der neuen Welt trat Mangel an geeigneten Lebensmitteln ein. Auch sandte der Admiral einen Bericht mit, in welchem er dem Könige über seine bisherigen Erfolge Kunde gab. Er selbst wollte das neue Goldland kennen lernen. Mit klingendem Spiel und fliegenden Fahnen zog er in das Innere des Landes, wo die Bewohner der Dörfer ihn und seine Leute mit Staunen betrachteten. Als er das Bergland von Cibao erreicht hatte, ließ er die Goldgräber ein festes Haus erbauen, in welchem 56 Mann unter Pedro Margarita zurückblieben. Darauf kehrte er nach Isabella zurück in der festen Überzeugung, das Goldland Ophir gefunden zu haben, von dessen Reichtum man schon in den Zeiten des Königs Salomo geredet hatte. Der Arzt Chanca berichtet darüber: „Seit Anfang der Welt ist kein solches Wunder geschehen oder davon gelesen. Man wird Gold in solcher Menge mitbringen, daß man staunen soll. Man mag mich vielleicht für einen Schwärmer halten; aber Gott ist mein Zeuge, daß ich auch nicht im mindesten übertreibe".

Die Bekehrung der Indianer ließ man nicht außer acht; es schien, als könnte auch in dieser Hinsicht die Arbeit Erfolg haben. Der Arzt Chanca schreibt: „Ich glaube, wenn wir mit dem Volke sprechen könnten, würde man es leicht bekehren können; denn sie machen alles nach, beugen die Knie vor den Altären und machen das Zeichen des Kreuzes. Sie sind zwar Götzendiener, denn man findet in allen Hütten Götzen, aber sie wünschen Christen zu werden".

Nachdem Kolumbus sich körperlich gekräftigt hatte, nahm er den ursprünglichen Plan wieder auf, nach China zu fahren. In Isabella ließ er seinen Bruder Diego zurück und lichtete die Anker, um zunächst Kuba wieder aufzusuchen; von hier fuhr er nach kurzem Aufenthalt nach Südwesten, denn dahin zeigten die Eingeborenen, wenn die Spanier sie nach Goldstätten fragten. Auf dieser Reise landete Kolumbus mitten vor der Nordküste der Insel Jamaika, von deren Schönheit er so entzückt war, daß er sie mit der Wohnung der Seligen verglich. Die Bewohner waren kriegerischen Sinnes; mit wildem Geschrei schossen sie ihre Pfeile nach dem Strande ab und

schienen eine Landung verhindern zu wollen. Dagegen schreckte sie
Kolumbus durch Kanonenschüsse und hetzte große Bluthunde auf sie,
worauf sie davoneilten. Nach einigen Tagen kehrten sie friedlich zurück
und begannen mit den Spaniern Tauschhandel zu treiben. Sie hatten
sehr ansehnliche Kriegsböte, mächtige Fahrzeuge aus einem Stamm,
wohl 30 m lang; an beiden Enden waren dieselben mit zierlichem
Schnitzwerk versehen. Was Kolumbus aber suchte, fand er bei ihnen
nicht: Gold. Darum kehrte er nach Kuba zurück. Auf dieser Rückfahrt gelangte er in das klippenreiche Meer südlich von Kuba, wo
zahllose Inseln und Klippen den Weg gefährdeten. Die Spanier
weideten sich an den Wundern des herrlichen Meeres: den zahllosen,
in den schönsten Farben schillernden Fischen, den vielen Schildkröten,
Muscheln und Perlen, welche die klaren Fluten belebten. Der Admiral
nannte dies Wundermeer „die Gärten der Königin".

Kolumbus glaubte, in Asien zu sein. Polo erzählte ja in seinen
Aufzeichnungen, daß östlich von China ein Archipel liege, der über
7000 Inseln umfassen solle. Diese Inselwelt, so meinte Kolumbus,
habe er erreicht; ja, es kam ihm vor, als wehe der Duft der
Blumen und Gewürzbäume Chinas zu ihm herüber. Als sich die
Küste Kubas nach Süden zog, war er überzeugt, das Festland von
Asien vor sich zu haben. Nach seiner Schätzung war er nur noch
$^1/_{12}$ des Erdumfanges von der Halbinsel Malaka entfernt. Vom
Mast aus hätte Kolumbus die Südküste der Insel sehen und sich von
seinem Irrtum überzeugen können; aber der schlechte Zustand seiner
Schiffe nötigte ihn zur Rückkehr. Vorher aber mußte in einem be-
sonderen Schriftstück die ganze Mannschaft sich zu dem Irrtum des
Führers bekennen und unterzeichnen, daß sie Kuba für einen Teil
Asiens halte.

Auf der Rückfahrt hatten die Schiffe mit schwerem Ungemach
zu kämpfen. Eins derselben geriet auf den Strand und wurde erst
nach großer Anstrengung wieder flott. Dann erreichten die Entdecker
Jamaika, dessen Küsten man mit zahlreichen Dörfern dicht besetzt
fand. Darauf trennte ein Sturm die Fahrzeuge, und diese kamen
erst nach sechs Tagen wieder zusammen. Neues Mißgeschick traf die
Rastlosen, so daß der Admiral in 32 Nächten nicht zum Schlafen
kam. Da brach seine Kraft zusammen, und er verfiel infolge der
übermenschlichen Anstrengungen in eine Schlafsucht, welche einer tiefen

Ohnmacht ähnlich war. Deßhalb lenkten die Schiffe nach Jsabella, wo der Admiral unter sorgfältiger Pflege wieder zu Kräften kam. Hier überblickte er seine letzten Entdeckungsfahrten, die ihm ein vollständiges Bild der großen Antillen gegeben hatten. Von diesen waren Haiti und Jamaika ganz umsegelt.

Unterdessen war Bartolomeo, der Bruder des Kolumbus, mit drei neuen Schiffen von Spanien her in der Kolonie gelandet. Er hatte schon vor der ersten Westfahrt im Auftrage seines Bruders eine Reise nach England gemacht, um den dortigen König Heinrich für eine Fahrt nach Jndien zu gewinnen. Dieser hatte günstige Zusagen gemacht. Als Bartolomeo nach Spanien zurückkehrte, war sein Bruder aber schon zum Ziele gekommen, und er selbst wurde in Spanien ehrenvoll empfangen und erhielt den Titel eines „Don". Er eilte mit drei Schiffen nach Haiti und brachte seinem Bruder die Beweise des königlichen Wohlwollens. Dessen Freude wurde aber getrübt durch aufrührerische Gesinnung bei einigen seiner Untergebenen. Der Geistliche Boïl war seines schweren Amtes bei den Jndianern überdrüssig geworden, der Anführer der Truppen, Margarit, verweigerte dem Statthalter den Gehorsam. Beide verließen eigenmächtig die Kolonie und kehrten mit zwei Schiffen nach Spanien zurück. Durch das Auftreten dieser Männer und durch ihr plötzliches Entweichen war die Mannszucht arg gelockert. Ein spanischer Geschichtschreiber äußert sich darüber: „Margarit brachte unter unsere Leute die Pest der Zwietracht und veranlaßte bei den Jndianern einen tödlichen Abscheu gegen den spanischen Namen. Er hielt das Kriegsvolk beständig in der angebautesten und wohlverschensten Gegend, wo es schwelgen und sich alle Freiheiten erlauben durfte." Solcher Übermut der Spanier trieb die Jndianer zu einer Verschwörung gegen dieselben, an deren Spitze der Fürst Caonabo stand. Diesen zu beseitigen, erbot sich der kühne Spanier Alonso Hojeda. Er beredete den Fürsten, ein Freund der Spanier zu werden, wofür ihm eine hohe Auszeichnung zu teil werden solle. Der Arglose ging in die Falle. Er ließ sich als Zeichen seines neuen Ranges glänzende Handschellen anlegen, woran kleine Glöckchen, an denen die Jndianer großes Gefallen hatten, befestigt waren. Dann mußte er sich zu Hojeda aufs Roß setzen, um mit den Zeichen seiner Würde inmitten seines Volkes aufzutreten. Aber man ritt nicht ins Dorf, sondern Hojeda jagte der Küste zu. Die

Indianer wurden durch das nie gesehene Pferd so erschreckt, daß sie an die Rettung ihres Herren erst dachten, als es zu spät war. Den gefangenen Fürsten bewachte man in der Burg Isabella sorgfältig, bis ihn Kolumbus auf seiner Reise nach Spanien mitnahm; doch starb er auf der See. Im Frühjahr 1496 kehrte der Admiral nach Spanien zurück. Er wollte sich seine Gerechtsame sichern und sich von den Verleumdungen, welche gegen ihn laut geworden waren, reinigen. Auch sollten solche Kolonisten, welche sich in ihren Hoffnungen getäuscht sahen, ebenso diejenigen, welche der Niederlassung zur Last waren, heimkehren. Nachdem Kolumbus seinem Bruder Bartolomeo die Verwaltung der Insel übertragen hatte, schiffte er sich am 10. März 1496 mit 225 Spaniern und 35 Indianern ein und landete am 11. Juni in Kadix.

9. Die dritte Reise: Südamerika.

Wieder feierte Kolumbus in Spanien einen Triumphzug und zog mit großem Gepränge an den Hof des Königs. Die angesehensten Indianer waren mit goldenem Schmuck behängt, andere trugen wertvolle Hölzer und Spezereien, damit die Spanier eine Vorstellung von dem großen Reichtum der neuentdeckten Länder bekämen. In der That glaubten diese, die Insel Haiti sei das Goldland Ophir der Alten. Gerne wären die Entdecker nach kurzem Aufenthalt wieder dorthin zurückgefahren; aber die Zeitverhältnisse waren ihnen ungünstig. Spanien lag im Kriege gegen Frankreich, dem es das Königreich Neapel wieder entreißen wollte, und alle verfügbaren Mittel wurden für diese Unternehmung gesammelt. Dazu wurde die königliche Familie in tiefe Trauer versetzt durch den Tod des spanischen Thronerben, wodurch eine neue Verzögerung für Kolumbus eintrat. Auch mehrten sich die Stimmen der Neider und solcher, welche in seiner Sache ein kostspieliges Werk sahen, während doch die Erfolge nicht gewinnbringend genug erschienen. So kam es, daß erst im Januar 1498 zwei Schiffe mit Lebensmitteln zur Versorgung der Kolonien abgesandt wurden. Kolumbus war tief verstimmt. Er hatte den Plan, auf der Südseite der Insel Haiti eine neue Kolonie anzulegen, aber in Spanien fehlte es an Mut, dorthin auszuwandern. Darum kam er auf den gefährlichen

Gedanken, die neue Niederlaſſung mit Sträflingen zu bevölkern, und die ſpaniſche Regierung befahl den Gerichten, alle Sträflinge, welche verbannt werden müßten, nach Indien zu verweiſen. Kolumbus wollte dieſe als Koloniſten verwenden, weil ehrliche Menſchen ſich ihm nicht mehr anſchloſſen. Unmutigen Sinnes verließ er den 30. Mai 1498 mit ſechs Schiffen die Mündung des Guadalquivir.

Franzöſiſche Kaperſchiffe lauerten ihm auf. Um ihnen aus= zuweichen, ſteuerte er auf Umwegen nach Madeira, wo er ſechs Tage blieb und dann ging's weiter nach den kanariſchen Inſeln. Hier teilte er ſeine Flotte. Drei Schiffe ſteuerten nach Weſten, um der Kolonie auf Haiti Hilfsmittel zu bringen; er ſelbſt fuhr diesmal weiter ſüdlich nach den kapverdiſchen Inſeln, weil er von der Nähe des Äquators aus nach Weſten ſteuern wollte. Denn das glaubte er, wie damals alle ſeine Zeitgenoſſen, daß in der heißen Zone, wo die Menſchen von ſchwarzer Farbe wohnen, die Schätze der Welt in größter Menge zu finden ſeien: Gold, Perlen, Edelſteine und Gewürze. Die kleine Flotte nahm ihren Kurs nach Südweſten. Im Anfang des Juli trat Windſtille ein; Kolumbus ſchreibt: „Die Hitze war ſo groß, daß ich fürchtete, Schiffe und Mannſchaften würden verſengt. Kein Mann wagte ſich unter Deck, um auf Waſſer und Mundvorräte zu achten. Dieſe Hitze dauerte acht Tage; am erſten Tage war der Himmel klar, am zweiten wurde es nebelig und es regnete, aber wir fanden keine Erleichterung, ſo daß ich glaubte, wir wäre alle umgekommen, wenn die Sonne wie am erſten Tage geſchienen hätte. Nach acht Tagen ſandte mir Gott einen günſtigen Wind, und ich ſteuerte nach Weſten."

Kolumbus nahm jetzt alſo den Weg nach Weſten, und am Morgen des 31. Juli ſah man in freudiger Erregung Land. Es war die Inſel Trinidad, die ſüdlichſte der kleinen Antillen. Die Spanier bemerkten Häuſer, wohlgepflegte Gärten und zahlreiche Menſchen, welche ſich aber ſcheu zurückhielten. Man verſuchte, ſie durch Muſik vom Verdecke aus heranzulocken, aber vergebens. Aus der Ferne erkannten die Spanier, daß dieſe Indianer von hellerer Hautfarbe waren, als die früher geſehenen; ſie waren bewaffnet mit Bogen, Pfeilen und hölzernen Schilden. Ihre einzige Kleidung beſtand in einem aus bunt= farbiger Baumwolle gefertigten Leibſchurz.

Zwiſchen der Südſeite Trinidads und der Nordküſte Südamerikas verengt ſich das Meer trichterförmig nach Weſten. In dieſer Enge

begegnen einander die Fluten des Orinokostroms, welcher aus dem
Innern des Erdteils sich hier ins Meer ergießt, mit den Gewässern
des Meeres. Diese letzteren gehören dem Äquatorialstrom an, welcher
von der Küste Afrikas kommt und, dem Äquator folgend, hier in das
Meer von Mittelamerika tritt. Dadurch entsteht eine Menge gefähr=
licher Strudel. Kolumbus schreibt darüber: „Tief in der Nacht ver=
nahm ich vom Decke des Schiffes aus ein furchtbares Getöse von
Süden her gegen das Schiff." Die Schiffe drohten zu kentern. Nie
war Kolumbus durch die Macht des Meeres so in Schrecken gesetzt,
als hier. Zum Erstaunen der Entdecker zeigte sich das Wasser in
dieser Meeresgegend nicht salzig, sondern süß, und je weiter sie nach
Westen kamen, desto gesünder und frischer war es. Man ging an
der Mündung eines Flusses vor Anker und fand reizende, dicht be=
wohnte Gegenden, deren Bewohner sich zutraulich den Fremden näherten.

Sie kamen an Bord und baten im Namen ihres Königs, an
Land zu kommen. Ihr Gold= und Perlenschmuck war Grund genug,
der Einladung zu folgen. Die Indianer mit ihren Häuptlingen an
der Spitze empfingen die Fremdlinge höflich und führten sie zu großen
geräumigen Häusern, wo man ihnen Brot, Früchte und Wein vor=
setzte, welch' letzterer aber nicht aus Trauben, sondern aus anderen
Früchten bereitet war. Da es an einem Dolmetscher fehlte, war die
Verständigung schwierig. Auf den Feldern fanden die Spanier den
Mais, den sie später nach der alten Welt verpflanzten. Durch Zeichen
warnten die Eingeborenen die Fremdlinge, nach den Bergen an den
Grenzen ihres Landes zu gehen, woher das Gold stamme; denn dort
seien Menschenfresser.

Aber Kolumbus mußte auch aus anderen Gründen an die Ab=
fahrt denken, denn der Mundvorrat drohte zu verderben, und für eine
neue Fahrt hatten seine Schiffe zu sehr gelitten; auch war er selbst
an den Augen erkrankt. Darum sollte aufgebrochen werden, um nach
Haiti zu kommen. Weil der Admiral das betretene Land für eine
Insel hielt, hoffte er es westlich umsegeln zu können und schickte ein
Schiff aus, das Fahrwasser zu erkunden. Als aber die Bucht sich
immer mehr verengte und das Wasser sich als Süßwasser erwies,
war es klar, daß hier kein Ausweg möglich sei. Das Schiff brachte
diese Nachricht, und Kolumbus sah ein, daß er durch den gefährlichen
Drachenschlund zwischen Paria und Trinidad fahren müsse. „Als

ich," so schreibt er, „den Drachenschlund verließ, strömte das Meer so mächtig westwärts, daß ich in einem Tage 65 Meilen zurücklegen konnte, und dabei blies der Wind nicht etwa stark, sondern er wehte ganz gelinde, woraus ich schloß, daß das Meer gegen Süden beständig ansteigt und dementsprechend gegen Norden niedriger wird."

Glücklich wurde das gefährliche Fahrwasser überwunden, und den Schiffern kamen die zahlreichen kleinen Antillen in Sicht. Kolumbus war der Ansicht, daß sowohl diese als Trinidad durch das in jener Gegend so unruhige Meer vom Festlande losgerissen seien. Über die Gestalt der Erde aber stellte er in dieser Zeit und an dieser Stelle so wunderliche Behauptungen auf, wie sie ein Seemann sonst nicht ausgesprochen hat. Er war nämlich überzeugt, daß die Erde nicht die Gestalt einer Kugel, sondern die einer Birne habe, und in jener Zeit wähnte er sich auf dem höchsten Punkte dieser eigentümlich geformten Welt. Wie kam Kolumbus zu dieser wunderbaren Vorstellung? Er meinte, das köstliche Süßwasser bei Trinidad käme von Süßwasser-strömen, die sich von ungeheurer Höhe ins Meer stürzten. Gerade durch den mächtigen Absturz kämen nach seiner Meinung die zahl-reichen Wirbel und Strudel. Daß auch das Meer in dieser Gegend höher sei, als weiter nach Norden, stand gleichfalls für ihn fest. Diese erhabene Gegend hatte Kolumbus im äußersten Osten gefunden. Hier befand sich auch in hoher Lage das Paradies, so lehrte man im Mittelalter. Von dem hochgelegenen Eden sollten vier Ströme nach allen Seiten gehen. Einer derselben, so wähnte Kolumbus, sei der Orinoko, und darum hielt er es dafür, daß er sich in der Nähe des irdischen Paradieses befinde. Dazu stimmte auch das mildere Klima, welches nur von der höheren Lage jener Erdgegend herrühren konnte. Auch die Menschen daselbst waren keine wilden Neger, sondern hell-farbig und von freundlicher Gesinnung, wie es in der Nähe des Para-dieses nicht anders zu erwarten war. Aber Kolumbus mußte von der Gegend scheiden, von der er so Seliges träumte. Eine innere Unruhe trieb ihn nach seiner Kolonie auf Haiti, die er seit 29 Monaten ver-lassen hatte. ——.

10. Der Leiden Anfang.

Hier hatte unterdessen sein Bruder Bartolomeo unter schwierigen Verhältnissen als Statthalter mit Verstand und Umsicht geherrscht.

Die Zahl der festen Häuser war vermehrt, die Häuptlinge hatten sich unterworfen und lieferten ihren Tribut an Gold oder andern wertvollen Erzeugnissen; selbst das Bekehrungswerk unter den Indianern war von Erfolg gewesen. Dagegen hatte unter den Spaniern, den Soldaten und Kolonisten, eine tiefe Mißstimmung Platz gegriffen. Sie ertrugen es nur mit Grimm, daß sie Fremden, Genuesen gehorchen mußten. Der Statthalter hatte strenge Manneszucht gefordert; statt eines bequemen, genußreichen Lebens, wie es die Kolonisten erwartet hatten, mußten sie angestrengt arbeiten und marschieren, oft mit Entbehrung, sogar mit Hungersnot kämpfen. Als einstmals der Statthalter abwesend war, brach in Isabella die Empörung aus. An der Spitze derselben stand der Oberrichter Francisco Roldan. Als Bartolomeo zurückkehrte, mußte der Aufrührer zwar aus der Stadt weichen, aber er fuhr fort, die Familie des Kolumbus als gewinnsüchtig zu verdächtigen, und als er den Indianern Schutz versprach, verweigerten diese den Tribut. Dadurch trat Mangel an Lebensmitteln ein, manche noch treugebliebene Spanier entliefen, und wenn nicht 1498 zwei Schiffe mit Lebensmitteln und Mannschaften aus der Heimat eingetroffen wären, so hätte sich die Kolonie schon damals aufgelöst. Jetzt konnte der Statthalter den Roldan in einen entfernten Teil der Insel zurückdrängen, wo dieser sich einem wilden, zügellosen Leben hingab. In demselben Jahre landeten danach die drei von Kolumbus vorausgeschickten Schiffe; aber es gelang dem Roldan sofort, einen Teil der Mannschaft auf seine Seite zu bringen.

Einen Monat später kam Kolumbus. Um sich der Mißvergnügten zu entledigen, ließ er bekannt machen, daß jedem gestattet sei, auf einem der fünf zur Abfahrt bereit liegenden Schiffe heimzufahren. Aber Roldan und seine Genossen machten keinen Gebrauch von der Erlaubnis. Auch das blieb ohne Erfolg, daß Kolumbus in einem freundlichen Schreiben dem Oberrichter Versöhnung anbot. Dieser kannte des Admirals hilflose Lage: er war ohne Geld gekommen, und weil er den Soldaten ihre rückständige Löhnung nicht zahlen konnte, blieben diese auch im Kriege unzuverlässig. Mit den heimkehrenden Schiffen sandte Kolumbus einen Bericht an die spanischen Monarchen, in welchem er die Schlechtigkeit seiner Gegner aufdeckte, sie als Schurken und Landstreicher bezeichnete und mit den ärgsten Maßregeln drohte. Aber auch seine Gegner schwiegen nicht und erhoben gegen den Admiral und seinen Bruder die ärgsten Beschuldigungen der Willkürherrschaft und Grausamkeit, welche dann von den Gegnern des Kolumbus am spanischen Hofe gegen ihn ausgenutzt wurden.

Um endlich Frieden zu haben, setzte Kolumbus den Roldan wieder als Oberrichter ein und beschenkte ihn und seine Parteigenossen mit Grund und Boden. Den Meuterern versprach er in einem Vertrage die volle rückständige Löhnung; für den Fall, daß er diesem Versprechen nicht treu bliebe, sollten sie das Recht haben, Gewalt anzuwenden. Kolumbus hatte nicht die Absicht, dieses entehrende Übereinkommen zu halten. Er hatte den Vertrag an Bord eines Schiffes unterschrieben, wo er nur als Admiral handeln konnte; jene Urkunde, so redete er sich ein, habe nur Gültigkeit, wenn sie von ihm als Vicekönig auf dem Festlande unterzeichnet wäre. In Spanien sah man ein, daß Kolumbus zum Herrscher nicht geschickt sei. Auch das mißfiel, daß er statt des gewünschten Goldes eine Fracht von Sklaven heimschickte.

Kolumbus selbst hatte gebeten, einen tüchtigen Richter zur Untersuchung seiner Sache nach Haiti zu senden. Zu diesem Posten erwählte der König von Spanien Franzisco Bobadilla, der aber mit weitergehenden Rechten nach Isabella abging. Seine Vollmacht übertrug ihm die ganze Verwaltung der Insel Haiti und die höchste militärische Gewalt; ja, er durfte jeden, der ihm für das Wohl der Kolonie gefährlich schien, mit Gewalt entfernen. Das waren arge Eingriffe in des Vicekönigs Rechte. Im Sommer 1500 landete er drüben. In der Woche vorher hatte Kolumbus noch sieben Aufrührer an den Galgen gehängt, deren Leichen Bobadilla noch baumeln sah. Das erschien ihm als ein Beleg für die angebliche Grausamkeit des Admirals. Dieser sowie sein Bruder waren bei der Ankunft des Bobadilla aus der Stadt abwesend. Letzterer landete mit seiner Schar und las der Menge die königliche Vollmacht vor. Als er betonte, daß der rückständige Sold ausgezahlt werden solle, fiel ihm eine Menge Volks zu.

Dann zog er in die Festung ein und ließ sich die Gefangenen vorstellen, deren Sache er untersuchen sollte. Er bezog die Wohnung des abwesenden Kolumbus und ließ dessen Eigentum und Papiere mit Beschlag belegen. Am nächsten Tage ließ er bekannt machen, daß jeder sich auf 20 Jahre mit Goldgewinnung befassen dürfe, wenn nur der elfte Teil an die spanische Krone abgeliefert werde. Nachdem er

4

dadurch fast das ganze Volk gewonnen, wagte er es, die Hand an Kolumbus zu legen. Er befahl diesem, vor ihm zu erscheinen, und Kolumbus gehorchte, nachdem er die königliche Vollmacht gesehen. Ohne Begleitung kam er an und stellte sich dem neuen Oberhaupte. Schon war sein Bruder Don Diego in Fesseln auf ein Schiff des Bobadilla gebracht, und gleiches Schicksal traf jetzt den Admiral. Dieser veranlaßte sogar seinen wackeren Bruder Bartolomeo, sich gleichfalls der Entscheidung des Königs zu unterwerfen. Damit waren die sämtlichen drei Brüder schimpflich gefangen gesetzt. Bobadilla scheute sich, mit dem Admiral zusammen zu treffen; Kolumbus schreibt: „Ich habe nie mit ihm gesprochen, auch hat er keinem andern erlaubt, mit mir zu sprechen. Wenn ich geirrt habe, so geschah es ohne Schuld und unter dem Zwange der Verhältnisse. Was mich am meisten kränkt, ist die Wegnahme meiner Papiere, die ich nie wieder sammeln kann, und die meine Unschuld am besten beweisen würden."

Kolumbus fürchtete einen Mordanschlag. Als die Wache bei ihm erschien, fragte er den Führer: „Villejo, wohin führt Ihr mich?" „Aufs Schiff, um abzusegeln," war die Antwort. „Abzusegeln?" fragte Kolumbus zweifelmütig, „Villejo, redet Ihr die Wahrheit?" Erst allmählich konnte man ihn beruhigen. Der Kapitän des Schiffes begegnete ihm ehrfurchtsvoll; er wollte ihm die Ketten abnehmen, aber Kolumbus lehnte es ab, denn Spanien sollte ihn in seiner Schmach sehen. Nach kurzer, glücklicher Fahrt landete das Schiff schon Ende November 1500 in Kadix. Der Hof war in Granada. Mit Erlaubnis des Schiffskapitäns richtete Kolumbus einen Brief an die Amme der Königin, so daß letztere seine Darstellung erfuhr, ehe sie den feindseligen Bericht des Bobadilla sah. In Spanien erregte es das größte Aufsehen, daß der Entdecker der neuen Welt in Ketten erschien. Auch die Monarchen erkannten darin eine Schmach für sich, ließen die Ketten lösen und befahlen, daß man Kolumbus mit Auszeichnung behandele. 2000 Dukaten wurden ihm zugestellt, damit er seinem Range gemäß reisen könne. Als er im Dezember vor dem Könige erschien nnd diesem knieend seine Huldigung darbrachte, konnte er vor innerer Bewegung nicht sprechen. Zwar wurde ihm alle Ehre zu teil; aber in seine Hoheitsrechte ward er nicht wieder eingesetzt.

11. Die letzte Reise des Kolumbus.

Kolumbus erlebte die Genugthuung, daß sein ehrloser Gegner Bobadilla bei dem Könige von Spanien in Ungnade fiel. Dieser und seine Gemahlin waren über das rücksichtslose Regiment desselben aufs höchste erzürnt, und namentlich empörte sie die schimpfliche Behandlung des Kolumbus; auch mußte man befürchten, durch das gewaltsame Treiben und das eigenmächtige Vorgehen des Bobadilla alles in der neuen Welt aufs Spiel zu setzen. Darum wurde beschlossen, diesen zu ersetzen durch den gerechten und unparteiischen Ovando. Er sollte die Indianer des königlichen Schutzes versichern; diese durften nur zu Arbeiten in königlichem Dienst herangezogen werden. Auch wurde gestattet, zur Unterstützung der Indianer die kräftigen Negersklaven von der Westküste Afrikas einzuführen, wo der Menschenhandel schon lange bestand. Hieraus entwickelte sich allmählich der fluchwürdige Sklavenhandel, durch welchen Afrika eine Stätte schrecklicher Verbrechen wurde. Eine ganz neue Menschenrasse, die schwarze, kam auf diese Weise nach Amerika, wo jetzt mehrere Millionen Neger leben. Spanien wurde dadurch in bedenkliche Kriege verwickelt, und gerade nach 300 Jahren kam seine erste Kolonie Haiti in die Hände der Schwarzen und der Mischlinge.

Die Wahl des Ovando zum Leiter der indischen Angelegenheiten erweckte in Spanien so großes Vertrauen, daß sich eine große Zahl von Auswanderungslustigen erbot, mit in die neue Welt zu fahren. Am 13. Februar 1502 verließen 30 Schiffe mit 2500 Personen die Heimat. Leider ging ein Schiff unter; die übrigen erreichten Amerika am 15. April. Nachdem Ovando die königlichen Befehle vorgelegt hatte, war des Bobadilla Ansehen mit einem Schlage dahin; er sollte nach Spanien zurückkehren. Roldan und seine Helfershelfer wurden gefangen auf die Schiffe gebracht, mit denen Ovando angekommen war; doch mußten dieselben vor ihrer Rückfahrt noch Fracht einnehmen.

Auch Kolumbus konnte nicht ruhen. Die großen Erfolge der Portugiesen trieben ihn mit Macht zu neuen Unternehmungen. Im Jahre 1499 war Vasco da Gama nach Portugal zurückgekehrt, nachdem er das wirkliche Indien zur See gefunden hatte. Weil nun Kolumbus glaubte, daß er in Kuba und Paria das östliche Asien betreten habe, gedachte er durch Fortsetzung der Fahrt nach Westen jedenfalls in das portugiesische Indien zu gelangen. Der Weg sollte zwischen Kuba und Paria nach Westen gehen; die starke Meeresströmung daselbst, so dachte Kolumbus, werde die Fahrt dahin beschleunigen. Er hoffte, in Südamerika auf eine noch unentdeckte Meerenge zu treffen, hinter welcher man das indische Meer „jenseit des Ganges" finden könne. Die spanischen Majestäten kamen ihm bei seinem Unternehmen gern entgegen, und noch im Herbst 1501 konnte er an die Ausrüstung der Schiffe gehen. Er selbst hielt es nicht für unmöglich, daß diese Fahrt seine letzte sei; darum traf er alle Schritte, für die Zukunft seiner Familie zu sorgen. Von seinen wichtigsten Dokumenten ließ er beglaubigte Abschriften anfertigen und in der Bank seiner Vaterstadt Genua niederlegen. Dabei war auch ein Schriftstück vom 14. März 1502, in welchem der König von Spanien ihm und seinen Kindern die bisherigen Rechte aufs neue zugesichert hatte. Mit vier Schiffen und einer Besatzung von 150 Mann ging er am 9. Mai 1502 in See; auch sein Bruder Bartolomeo und sein dreizehnjähriger Sohn Ferdinand fuhren mit ab. Kolumbus schrieb: „Ich reise im Namen der heiligen Dreieinigkeit und hoffe auf Sieg."

Eine rasche Fahrt von 19 Tagen trug die kleine Schar von den kanarischen Inseln nach Martinique und von da nach San Domingo (Haiti). Er hoffte, als Anführer einer Flotte Achtung zu gewinnen; aber Ovando gestattete dem Admiral die Landung nicht; er durfte nur vom Schiff aus die königlichen Briefe überreichen. Nicht einmal ließ sich Ovando vor einem Unwetter warnen, welches nach des Kolumbus Ansicht im Anzuge war; dieser riet umsonst, die segelfertige Flotte noch eine Woche zurück zu behalten. Bald nach der Abfahrt brach der Orkan los: alle Schiffe bis auf eins gingen unter, mit ihnen auch Bobadilla und Roldan; aber gerade das gerettete Schiff trug das aus-gelieferte Vermögen des Kolumbus glücklich nach Spanien. Dieser erkannte die strafende Hand Gottes. Er selbst hatte sich und seine vier Schiffe in der Nähe der Küste geborgen, wenn auch das Schiff seines Bruders aufs Meer hinausgetrieben und seiner Böte beraubt war. Der Admiral schreibt: „Der Sturm war furchtbar, die Schiffe wurden getrennt und ich fürchtete, daß die übrigen untergingen. Wie schmerzlich ist es, bei solcher Gefahr und in Angst um den Sohn, den Bruder, die Freunde, nicht ans Land oder in den Hafen flüchten zu dürfen, an einer Küste, die ich unter so vielen Mühseligkeiten für

Spanien selbst gewonnen habe!" Am 14. Juli brach Kolumbus von Haiti auf, und steuerte an Kuba vorbei nach Yukatan. Hier lebte das Volk der Maya, dessen Händler in ihren aus einem Baumstamm gefertigten Barken allerlei Waren feilboten: Messingschellen, steinerne Messer und Beile, hölzerne Schwerter, deren Schneiden gleichfalls aus Stein bestanden, geschnitzte Holz= und Marmorgefäße, sowie bunt= farbige baumwollene Decken. Hätte Kolumbus ihre Heimat aufgesucht, so wäre er vielleicht bis nach Mexico vorgedrungen. Aber er glaubte sicher, auf einer Fahrt weiter nach Süden eine Meerenge zu finden, durch welche er um Hinterindien — denn an dieser Halbinsel war er seiner Überzeugung nach — nach dem Busen von Bengalen gelangen könne. Deshalb kämpfte er gegen Wind und Strömung an, dem Osten von Honduras zu. Um diese Zeit wurde er wieder von schreck= lichen Stürmen, verbunden mit schwerem Gewitter, heimgesucht. Des Vormittags herrscht zur Regenzeit in der heißen Zone eine Gluthitze, gegen Mittag bewölkt sich der Himmel, und bald danach beginnt ein Regen, der wie in Stangen vom Himmel steht, so daß seine Tropfen nicht zu unterscheiden sind. Kolumbus sagt darüber: „Es regnete, donnerte und blitzte unaufhörlich, es sah aus, als ob die Welt unter= gehen sollte. In der ganzen Zeit sah ich weder Sonne noch Sterne. Meine Schiffe hatten furchtbar gelitten, die Segel waren zerrissen. Wir hatten Anker, Takelwerk, Böte und eine große Menge Vorräte eingebüßt. Das Schiffsvolk war krank und niedergedrückt. Manche gelobten, ein religiöses Leben zu führen und alle verpflichteten sich zu Wallfahrt und Beichte. Wir haben manchen Sturm erlebt, aber nie einen von solcher Heftigkeit." Der Admiral lag am Fieber danieder, aber er hatte sich auf dem Verdeck seines Schiffes eine kleine Kabine erbauen lassen, von der aus er das Kommando gab. Bitter beklagte er sich um diese Zeit: „Zwanzig Jahre habe ich für den König ge= arbeitet und in Spanien noch keinen Dachziegel erworben, ja kaum die Mittel gefunden, meine Rechnungen zu bezahlen." Endlich klärte sich an der Ostspitze von Honduras das Wetter auf. Noch jetzt führt das dortige Kap den Namen „Gracias à Dios", d. i. Gott sei Dank. Die Schiffe waren in einem schlimmen Zustande. Deshalb machte Kolumbus bei einem Indianerdorfe, wohl in der Nähe der heutigen Stadt Greytown, Halt und ließ sie ausbessern und mit neuen Vorräten versehen. Sein Bruder Bartolomeo' hatte unterdessen das

Land ausgekundschaftet und erfahren, daß weiter nach Westen reiche Goldküsten ihrer warteten. Dorthin ließ der Admiral am 5. Oktober aufbrechen, und nach zwei Tagen liefen sie in die Bucht von Chiriqui ein. Die Indianer nannten das Land Karambaru, aber Kolumbus glaubte fest, er sei in der Provinz Ciambu, einem Königreich in Hinter= indien, welches schon Marco Polo erwähnt; auch auf seinen Karten war dieses asiatische Reich gezeichnet. Deshalb schreibt der Admiral: „Ich erfuhr von den Goldminen in Ciambu, die ich suchte, und zwei Indianer trugen mich nach Karambaru, wo das nackte Volk Gold= schmuck am Halse trug." Hier, an der Südgrenze des jetzigen Costarica, erhielt Kolumbus auch die erste dunkle Kunde von einem Meer gen Westen gelegen. Die Indianer meinten den Großen oder Stillen Ocean; Kolumbus aber, der schon in Asien, im goldreichen Malaka zu sein glaubte, war überzeugt, es sei das Meer „jenseit des Ganges", die heutige Bucht von Bengalen. Die goldreiche Küste, an der er sich befand, erhielt nach einem Indianerdorfe den Namen Veragua, nach welchem noch heute die Nachkommen des Kolumbus als Herzöge von Veragua bezeichnet werden. Der Admiral war in dem Wahn be= fangen, daß von der Südspitze der Halbinsel, auf welcher er sich wähnte, der Weg nach Indien nur noch 10 Tage betrüge. Weil aber Malaka auf der Mitte der Erde liegen sollte und die Fahrt bis dahin nur 6—8 Wochen dauerte, so erschien ihm der Erdumfang geringer, als er in Wirklichkeit ist. In dieser Täuschung schrieb Kolumbus an die spanische Regierung: „Die Erde ist nicht so groß, als man ge= wöhnlich annimmt."

Als die Schiffe weiter an der Landenge von Panama nach Osten fuhren, wurden sie von einem schrecklichen Sturm wieder zurückgetrieben. Kolumbus berichtet über dieses Unwetter: „Der Wind war uns gerade entgegen und machte es uns unmöglich, nach einer vor uns liegenden Landspitze zu steuern. Die See kochte wie ein Kessel über starkem Feuer. Tag und Nacht flammte der Himmel von den zuckenden Blitzen, welche von so entsetzlichem Donner begleitet waren, daß wir alle fürchteten, die Schiffe müßten untergehen."

Kolumbus mußte umkehren. Seine Fahrzeuge waren von den Bohrwürmern zerfressen und hielten sich kaum noch über Wasser; die Weiterfahrt war unmöglich. Auch noch auf dem Rückwege tobte das Unwetter, die Flotte lief in einen Fluß ein, der aber am 24. Januar plötzlich so mächtig anschwoll, daß er die Schiffe losriß und fast wieder auf das Meer zurücktrieb. Im Februar ging Bartolomeo mit 68 Mann auf die Goldsuche nach dem Veraguafluß. Man erreichte in Böten ein Dorf, in welchem der Häuptling den Fremden ohne Waffen, aber mit großem Gefolge entgegentrat. Er war nackt, aber am Körper durch Tättowirung bemalt. Seine Begleiter brachten einen großen Stein herbei, den sie im Flusse abwuschen und dann trocken rieben. Diesen legten sie dem Häuptling vor die Füße, damit er nach der Landessitte die Unterhaltung sitzend führen könne. Auf die Frage nach Goldstätten gab derselbe sofort drei Indianer als Führer mit. Nachdem Bartolomeo einen Teil der Mannschaft zum Schutz der Böte zurückgeschickt hatte, brach er mit den andern nach den Minen auf. Überall sah man in den Gewässern Goldblättchen zwischen den Wurzeln der Bäume und im Flußsande. Die Indianer führten die Spanier auf einen hohen Berg, von welchem aus sie diesen eine Gegend, 20 Tagereisen nach Westen, als sehr goldreich bezeichneten. Thatsächlich aber lag dort das Gebiet eines dem Häuptlinge feindlichen Königs, und die besten Goldfelder hatten die Führer im eigenen Lande verheimlicht.

In Varagua beschloß Kolumbus, eine Niederlassung zu gründen, deren Leitung sein Bruder übernehmen sollte; er selbst wollte aus Spanien Verstärkungen herbeiholen. Aber die Indianer beschlossen, die neue Ansiedlung zu überfallen und die Spanier zu töten. Da gelang es dem kühnen Bartolomeo, den feindlichen Häuptling gefangen zu nehmen. Dieser entkam aber in der Nacht wieder und gab nun das Zeichen zu einem allgemeinen Angriff. Schon war Kolumbus mit drei Schiffen aufs Meer hinausgefahren, so daß Bartolomeo den Feinden preisgegeben war. Kolumbus erkannte die Not seiner Landsleute und geriet in die höchste Aufregung. Später klagte er über diese entsetzliche Zeit: „Ich war allein draußen, an der gefährlichen Küste, von schwerem Fieber befallen und todesmatt. Alle Hoffnung, zu entkommen, war dahin. Ich arbeitete mich mühsam auf den höchsten Teil des Schiffes und rief mit zitternder Stimme unter heißen Thränen die Hauptleute, mir zu Hilfe zu kommen, aber es kam keine Antwort." In völliger Erschöpfung schlief er ein und hörte in seinen Fieberphantasien eine tröstende Stimme: „Warum verzagst du an Gott? Was that er mehr für Moses oder für seine Knechte, als er für dich gethan? Fürchte nichts, fasse Mut!"

Und die glückliche Wendung kam. Ein spanischer Lotse erbot sich, durch die Brandung zu schwimmen, wenn man ihn mit einem Boot an die Grenze derselben bringen wolle. Die That gelang, und Kolumbus erfuhr, daß sein Bruder sich noch verteidige. Es gelang ihm, die Bedrängten herüber zu holen, wenngleich diese ihr Schiff im Stich lassen mußten. So verließ man Ende April die gefährliche Küste von Veragua mit drei Schiffen. Eins derselben mußte bald zurückgelassen werden, weil es für eine Seefahrt völlig untauglich geworden war, und mit den beiden letzten steuerte Kolumbus nach Norden, um Jamaika zu erreichen. Aber Wind und Strömung trieben ihn ab und verschlugen ihn an den Strand einer kleinen Insel südlich von Kuba. „Die See war sehr stürmisch und ich wurde rückwärts getrieben vor Top und Takel. Das eine Schiff verlor drei Anker. Um Mitternacht brach ein Wetter los, als sollte die Welt untergehen, so daß auch die Kabel des andern Schiffes rissen und dasselbe mit solcher Gewalt auf uns zutrieb, daß alles in Stücke zu gehen drohte. Nur ein Anker hielt noch und war nächst Gott unsere einzige Rettung." Erst nach sechs Tagen konnte man weiterfahren; aber die Schiffe waren von Würmern durchlöchert wie Honigwaben. Das Wasser drang unaufhaltsam in die Fahrzeuge ein und stieg im Schiffsraum immer höher, obschon man mit drei Pumpen arbeitete und mit Töpfen und Kesseln ausschöpfte. Man war bis Jamaika gekommen, aber die Schiffe drohten zu sinken. Da ließ sie Kolumbus am 25. Juni 1503 auf einer passenden Stelle auf den Strand laufen, um sich und den Seinen wenigstens das nackte Leben zu retten. Es war in der jetzigen Christovalsbucht; hier lag der Entdecker der neuen Welt verlassen als Schiffbrüchiger am einsamen Strande. Die Schiffe sanken in dem seichten Wasser bis an das Verdeck unter, auf welchem nun die Mannschaft in Notkajüten untergebracht wurde. Zum Glück waren die Strandbewohner bereit, gegen europäische Waren Lebensmittel zu liefern; Brot und Fische wurden anfangs in Fülle gebracht.

Alles lag daran, Ovando von der trostlosen Lage des Kolumbus Nachricht zu geben. Nur das offene Boot stand für diese Seefahrt zur Verfügung. Ein kühner Spanier, Mendez, erklärte sich zu dem Wagnis bereit. Zwei Böte wurden segelfertig gemacht; in jedem nahmen sechs Spanier und zehn Indianer Platz. Die letzteren kannten die Segelrichtung, weil sie mit den größeren Inseln in Verkehr standen.

Bartolomeo begleitete die Fahrzeuge am Strande mit 50 Bewaffneten, damit die Kühnen vor Überfällen sicher wären. Fünf Tage und vier Nächte saß Mendez am Steuer, da war die Westspitze von Haiti erreicht. Hier mußte die erschöpfte Mannschaft zwei Tage rasten und fand dann den Weg zu Ovando. Dieser empfing den Mendez freundlich, aber er traute seinem Berichte über die trostlose Lage des Kolumbus nicht recht, sondern fürchtete, dieser habe einen Überfall im Plane. Als endlich ein Schiff abgelassen wurde, war es zu klein, die Schiffbrüchigen alle aufzunehmen, und der Führer desselben, ein ehemaliger Genosse des Roldan, fuhr wieder ab unter dem Vorgeben, ein größeres Fahrzeug herbei zu holen. Mendez selbst hatte unterdessen ein Schiff gemietet, das aber erst im Frühjahr 1504 abfahren konnte. So mußte der Admiral fast ein Jahr lang unter schweren Sorgen allein aushalten. Nur durch eine seltsame List gelang es ihm, sich vor dem Hungertode zu retten. Die Indianer hatten ihm nämlich bald die Lebensmittel verweigert. Nun wußte Kolumbus, daß am 29. Februar 1504 eine Mondfinsternis eintreten werde und drohte den Indianern mit der Ungnade des Lichtgottes, falls sie ihn nicht versorgten. Das rasche Eintreffen der drohenden Prophezeiung schreckte die Indianer so, daß sie alles Verlangte lieferten. Endlich langten die Schiffbrüchigen in Haiti an, wo Ovando den Admiral ehrerbietig empfing. Am 12. September begann Kolumbus seine letzte Heimreise und betrat im November nach einer stürmischen Fahrt den Boden Spaniens.

----

12. Des Helden Lebensabend und Ende.

Der große Entdecker war ein gebrochener Mann, krank an Leib und Seele, niedergebeugt durch seine schweren Schicksale. Spanien, das Land seiner früheren Triumphe, kannte ihn nicht mehr, niemand kümmerte sich um die Heimkehr des armen Schiffbrüchigen. Alle, welche in den Tagen seines Glücks seine Freundschaft gesucht, gingen ihm jetzt aus dem Wege. Nicht einmal hatte er die Freude, noch einmal seine hohe Gönnerin, die Königin Isabella, zu sehen, denn sie starb wenige Wochen nach seiner Ankunft; ihr Gemahl, der König Ferdinand, hatte sich in der Sache des Kolumbus stets kühler gezeigt. Letzterer blieb den Winter über in Sevilla. Er erwartete, dem königlichen Worte gemäß, seine Würden wieder zu erhalten; ebenso machte er mit Recht Anspruch auf einen Anteil aus den Erträgnissen der Kolonie, welche er seit mehreren Jahren nicht mehr erhalten hatte. Seinem Sohn Diego, der ihn am Hofe vertrat, schrieb er, mit mehr Eifer für ihn zu arbeiten. In einem Briefe vom 1. Dezember 1504 heißt es: „Mein Leiden gestattet mir nur des Nachts zu schreiben, denn bei Tage habe ich keine Kraft dazu in den Händen." Auch an den König Ferdinand richtete er einen langen Brief über seine An= gelegenheiten, aber er erhielt keine Antwort. Selbst sein Bruder Bartolomeo konnte des Kolumbus Angelegenheiten bei Hofe nicht recht in Fluß bringen. Der König zeigte für Kolumbus kein Wohlwollen; dieser war ein Mann, „welcher lästig zu werden anfing, als er zu nützen aufgehört hatte." Ein Tribunal, welches seine Ansprüche er= wägen sollte, hielt mehrere Sitzungen ab, traf aber keine Entscheidung. Zuletzt schlug man Kolumbus vor, auf das Vicekönigtum in Indien zu verzichten und zur Entschädigung einen anderen Titel und Be= sitzungen in Spanien anzunehmen. Dieser Vergleich wurde mit Ent= rüstung zurückgewiesen, weil Kolumbus darin einen Bruch des könig= lichen Wortes sah und seiner Familie den Ruhm seines Lebens erhalten wollte. Als er zu Gunsten seines Sohnes Diego auf seine indischen Würden verzichten wollte, lehnte man dies ab und zog die Sache wieder in die Länge. Da erhielt Spanien ein neues Königspaar, Philipp und Johanna, welche am 28. April 1506 von Flandern nach Spanien kamen. Kolumbus selbst war zu leidend, das junge Königs= paar zu begrüßen; sein Bruder Bartolomeo that es statt seiner. Die Königin, die Tochter seiner verstorbenen Gönnerin, machte dem Ent= decker freundliche Zusagen, von denen er aber nichts mehr erfuhr; denn er verschied am 5. Mai, dem Himmelfahrtstage 1506, still und unbeachtet zu Valladolid; seine letzten Worte waren: „In deine Hände, Herr, befehle ich meinen Geist." Er starb in den Armen der Franzis= kaner und wurde auch in ihrem Kloster begraben. Die Welt hatte ihn bereits vergessen. Das Tagebuch des kleinen Valladolid, welches sonst jede Stadtneuigkeit berichtete, erwähnt seinen Tod nicht einmal. Wahrscheinlich sieben Jahre nach seinem Tode wurde der Sarg nach dem Kloster in Sevilla gebracht und erhielt die Inschrift, welche auch des Kolumbus Wappen zierte: A Castillo y á Leon Nuevo Mondo dió Colón (Kolumbus gab Castilien und Leon eine neue Welt).

Getreu seinem Wunsche brachten seine Landsleute — um die Mitte des 16. Jahrhunderts — seine Gebeine nach San Domingo auf Haiti und setzten die Leiche in dem Dome bei, in welchem auch sein Sohn, und wahrscheinlich auch sein Bruder Bartolomeo ruhen. Als 1790 San Domingo an Frankreich kam, ließ der spanische Admiral das Grabgewölbe im Dom öffnen und die Überreste des großen Entdeckers nach Habana auf Kuba bringen, wo sie im dortigen Dom endlich eine bleibende Ruhestätte fanden.

---

13. „Amerika." Die Bedeutung der neuen Welt.

Kolumbus ging durch seinen Tod einer schweren Kränkung aus dem Wege. Ein Jahr nachher erhielt der von ihm entdeckte Erdteil einen Namen. Nicht nach ihm, dem Helden, der nur für sein Werk gelebt und für dasselbe schwer gelitten hatte, wurde die neue Welt genannt, — dann hätte man den Namen Kolumbia gewählt — sondern einer seiner Landsleute, der Florentiner Kaufmann Amerigo Vespucci, wußte diese Ehre für sich zu retten. Er war den Wegen des Kolumbus gefolgt und durch eine Fahrt an der Ostküste Süd=amerikas vielleicht bis zu dessen Südspitze gekommen.

Aber er verstand es auch, seine Entdeckungen in der alten Welt zur Geltung zu bringen. Von den Reisen des Kolumbus nach dem Lande Paria und dem Goldlande Veragua war kaum etwas bekannt geworden; man bezeichnete den großen Genuesen nur als den Entdecker „einiger Inseln". Vespucci dagegen gab in einem Werke, betitelt „Vier Schiffahrten", eine genaue Beschreibung seiner eigenen Ent=deckungsreisen. Diese Schrift war sehr verbreitet, und Vespucci unter=hielt außerdem mit hervorragenden Männern einen ausgedehnten Brief=wechsel. Ein deutscher Gelehrter, Martin Walzemüller zu Freiburg im Breisgau, machte im Jahre 1507 zuerst den Vorschlag, den Florentinischen Gelehrten bei der Benennung des neuen Erdteils zu verewigen. Er bezeichnete ihn als den Entdecker eines vierten Erdteils, welchen man mit Fug und Recht Amerigos Land oder Amerika nennen könnte. Hiergegen hatte niemand etwas einzuwenden, und so trägt der Erdteil diesen Namen für immer. Während aber Vespucci fast nur in den Kreisen der Gelehrten bekannt ist, lebt Kolumbus Name in jedermanns Munde, und eine dankbare Nachwelt hält ihn in Ehren. Das hat seinen Grund darin, daß wenige Begebenheiten in solchem Maße auf das Leben der Völker eingewirkt haben, wie die Entdeckung Amerikas. Das Wort des Herrn an die Menschen: „Machet die Erde euch unterthan!" konnte nunmehr in vollerem Maße erfüllt werden.

In mancher Hinsicht unterschied sich der neuentdeckte Erdteil von der alten Welt: die meisten Bewohner waren halbwilde Jäger, welche mit Pfeil und Bogen in den dichten Wäldern dem Wilde nachstellten; nur da, wo bei der Trockenheit der Luft der Wald nicht gedieh, in Peru und Mexiko, wohnten ackerbautreibende Völker. Hirtenvölker fehlten ganz, denn unsere milchgebenden Haustiere, Kuh, Schaf und Ziege, waren unbekannt; auch die Einhufer, Pferd und Esel, lebten in Amerika nicht. Heutzutage ist das anders: in den Ebenen Südamerikas haben sich die Pferde in solcher Zahl vermehrt, daß sie fast wieder in ihre ursprüngliche Wildheit verfallen sind, und die Menge der amerikanischen Rinder und Schweine ist so groß, daß man früher mit dem Fleisch derselben die Ziegelöfen und Kessel der Dampfmaschine geheizt hat. Jetzt erhalten wir von dort die eigentliche Kraft des amerikanischen Rindfleisches in Form des Fleischextrakts, welche Erfindung die Welt einem deutschen Gelehrten, Professor Liebig in München, verdankt. Aber auch in getrocknetem Zustande, als „Charqui", kommt das amerikanische Rindfleisch herüber, und das dortige Schweinefleisch ist in so unerschöpflicher Fülle zu haben, daß es eine Hauptnahrung der Völker im westlichen Europa bildet.

Während nun die Europäer den Amerikanern ihre gezähmten Haustiere brachten, lieferte uns der neue Erdteil vor allem vier wertvolle Geschenke aus dem Pflanzenreiche: die Chinarinde, den Mais, die Kartoffel, den Tabak. Der Chinarindenbaum ist die wertvollste Arzneipflanze der Welt. Das aus seiner Rinde gewonnene Gift, Chinin genannt, hat die wunderbare Kraft, den Lauf unseres Blutes zu verlangsamen; deshalb wird es jeder Arznei beigemischt,

welche Fieberkranken verabreicht wird. Gegen manche Krankheit, z. B.
das Wechselfieber, ist ein anderes Mittel nicht vorhanden. Fast wäre
die Welt dieses segensreichen Stoffes beraubt worden; denn als der=
selbe in Europa näher bekannt wurde, zahlte man so hohe Summen
dafür, daß die Stämme in unverständiger Weise entrindet wurden, so
daß ein Aussterben des Chinarindenbaumes drohte. Da hat, trotz
der schweren Strafen, mit denen die Ausfuhr der Pflanze belegt war,
eine Verpflanzung derselben nach Ostindien stattgefunden: in mehreren
Kisten wurden junge Chinabäumchen über die Kordilleren geschmuggelt
und auf einem holländischen Kriegsschiff nach Indien gebracht, wo
diese Pflanze nunmehr vor dem Untergange bewahrt ist. Ein hoch=
wichtiges Korn, mit welchem uns Amerika beschenkte, ist der Mais.
In einzelnen Fällen giebt derselbe einen mehrhundertfachen Ertrag.
Neben dem Weizen ist er das Hauptkorn um die fünf großen Seen
in Nordamerika, welches Gebiet für die Ernährung Europas jetzt so
wichtig ist, wie für die alte Welt das Land Ägypten. Von Amerika
ist der Mais nach Europa verpflanzt, in dessen Süden, besonders in
Ungarn und Italien, er die tägliche Nahrung vieler bildet. Das
rechte Brod der Armen ist die Kartoffel, die wichtigste Nahrungs=
pflanze der Welt. Nur langsam hat sie ihre Verbreitung gefunden.
Als sie in Europa bekannt wurde, wußte man nicht recht mit ihr
umzugehen und hielt die aus der Blüte entstandenen Früchte für das
Wertvollste an der Pflanze. Diese Früchte wurden mit allerlei Gewürz
auf das schönste angerichtet, aber sie wollten niemand recht schmecken;
erst als man das Laub verbrannte, entdeckte man in der Asche die
lieblich duftende, eigentliche Kartoffel, die jetzt tagtäglich auf der Tafel
von arm und reich als ein wichtiges Nahrungsmittel auftritt. Der
Tabak ist heutzutage für die Männerwelt der meisten Völker ein
fast unentbehrliches Genußmittel geworden. Die uralte Sitte, das
Kraut dieser Pflanze zu rauchen, kam durch die Entdeckung Amerikas
nach Europa, und wenn auch manche Gesetze diese Sitte in der alten
Welt verboten, sie brach sich doch Bahn, und der Tabaksbau und
Tabakshandel sind eine wichtige Erwerbsquelle geworden.

Aber auch mit der Kleidung versorgt uns in erster Reihe Amerika.
Die unabsehbaren Felder der Baumwollenpflanze liefern den
Menschen die wertvolle Wolle, aus welcher in Amerika und Europa
Baumwollenzeug gesponnen wird. Bis an den Mast hinauf mit

gepreßten Baumwollenballen beladen, kommen die Dampfer den Mississippi herunter und fahren den wertvollen Stoff übers Meer nach England, wo über 800 große Fabriken aus demselben Garn spinnen und dieses zu Kleidungsstoffen verweben. Man kann sagen, daß England die halbe Welt kleidet; die Wolle aber dazu liefern Bäume und Stauden Amerikas. Wegen ihrer Bedeutung im Welthandel nennt der Amerikaner die Baumwolle „die Königin der Industrie."

Auch eine bessere Beleuchtung in unsern Häusern verdanken wir der neuen Welt. Während früher die Thranlampe oder der matte Schein einer Kerze den Winterabend nur spärlich erhellten, strahlt jetzt auch in der einsamsten deutschen Hütte das helle Licht des amerikanischen Petroleums, welches seit 1865 in reichster Fülle besonders in Pensylvanien erbohrt wird.

Noch mancher andere wertvolle Handelsartikel findet seinen Weg von dort zu uns: der Kaffee aus Brasilien, Venezuela und Mittelamerika; das kostbarste aller Gewürze, die Vanille; nirgends auf der Erde wächst mehr Rohrzucker als auf der amerikanischen Insel Kuba. Zu unsern Bauten liefern uns die Riesentannen der neuen Welt das wertvolle amerikanische Holz; die zahlreichen dort erfundenen Maschinen erleichtern uns die Arbeit. Tausende von Schiffen aus der ganzen Welt, besonders aus Europa, vermitteln den Verkehr nach dorthin, und auch aus Deutschland, namentlich aus Bremerhaven und Hamburg, fahren allwöchentlich die Dampfschiffe ab, die Menschen und Waren hinüber und herüber zu bringen. Auch von unsern deutschen Landsleuten leben Millionen in Amerika; in Newyork sind ganze Straßen deutsch, und in der Stadt St. Louis am Mississippi ist der fünfte Mensch ein Deutscher. Kaum giebt es eine deutsche Familie, von deren Angehörigen nicht schon welche hinübergewandert wären. Manche freilich haben sich bitter getäuscht, wenn sie glaubten, drüben auf leichte Weise reich zu werden; denn Amerika ist ein Land harter Arbeit und rastlosen Schaffens; andere haben nicht bedacht, was es heißt, daheim die Seinen und die traute Heimat zu verlassen; ihrer viele sind in Amerika nie heimisch geworden. Tausende aber, die in der Heimat vielleicht mit schweren Sorgen zu kämpfen hatten, haben jenseit des Meeres als fleißige Handwerker und Landwirte ihr Brot gefunden und sich und den Ihren eine zweite Heimat gegründet.

Kolumbus-Denkmal zu Genua.

So hat die Entdeckung Amerikas in das Leben der ganzen Menschheit eingegriffen, und darum gedenkt man in der gegenwärtigen Zeit, welche das Gedächtnis an diese vor 400 Jahren geschehene große Thatsache erneuert, vor allem des Mannes, der im Jahre 1492 der Welt diesen neuen Erdteil erschloß: **Christoph Kolumbus.**

Anmerkung. Neuerdings erheben neben Genua wieder andere Städte, z. B. Piacenza, den Anspruch, daß in ihren Mauern Kolumbus geboren sei. Im Archiv der Akademie für Geschichte in Madrid soll eine Urkunde aufgefunden sein, in welcher der Sohn des Entdeckers, Diego Kolumbus, bezeugt, daß sein Vater in Savona geboren sei.